A. GAUBAND

NOTES
SUR L'ALGÉRIE

2ᵉ Édition

NIMES
LIBRAIRIE...

A. AUBANEL & J. MAISTRE

NOTES SUR L'ALGÉRIE

A. AUBANEL & J. MAISTRE

NOTES
SUR L'ALGÉRIE

NÎMES

IMPRIMERIE CLAVEL-BALLIVET ET Cie

12 — RUE PRADIER — 12

1878

Prié, par M. le Gouverneur général de l'Algérie,
de résumer, — tout au moins en quelques notes
concises, — les impressions qu'avait pu faire naître
en mon esprit une visite attentive des trois provinces algériennes, j'avais, — sans penser que mes
appréciations dussent jamais attirer l'attention du
public, — écrit à la hâte ce qui m'était si gracieu-
sement demandé.

La presse de la Colonie a cru qu'il y avait intérêt
pour le pays à discuter et à commenter ces quelques lignes, uniquement destinées à M. le Gouverneur général, et plusieurs Algériens m'ont demandé de les reproduire dans une brochure, où
seraient réédités les principaux articles que mes
conclusions ont inspirés aux divers organes de la
presse.

Je n'ai pas cru pouvoir refuser.

Cette brochure, la voici. Puisse-t-elle avoir l'utilité qu'on s'est plu à en espérer : je serais heureux
d'avoir pu, pour ma faible part, contribuer à la
prospérité d'un pays qu'attend, pour peu qu'il sache
s'y prêter, un si brillant avenir.

A. AUBANEL.

NOTES

DEMANDÉES PAR M. LE GOUVERNEUR GÉNÉRAL

A M. AUBANEL

SUR DIVERSES QUESTIONS CONCERNANT L'ALGÉRIE

Après avoir visité les trois provinces, je dois constater qu'après quarante-sept ans d'occupation, la France a beaucoup fait pour civiliser ce pays, qui était plongé dans la barbarie et était un repaire de corsaires.

L'armée a largement contribué aux progrès réalisés : les routes et les principaux travaux d'utilité publique ont été exécutés par elle.

Pour arriver à de plus grands résultats, il n'y a qu'à créer de nouveaux barrages, qui utiliseront les eaux d'une manière intelligente ; construire d'autres voies ferrées, et persévérer dans l'établissement des villages de colons français, ainsi que dans le reboisement des campagnes et des montagnes. Alors l'Algérie prendra l'importance à laquelle elle doit prétendre par la richesse et l'étendue de son sol, généralement si fertile.

On ne sera plus exposé à manquer d'eau et à voir trop souvent les campagnes desséchées, les moissons les plus riches en promesses brûlées par le soleil.

Le climat de l'Algérie sera modifié et rendu presque semblable à celui du midi de la France, et, par conséquent, meilleur pour les Européens.

On devrait développer l'instruction agricole chez les enfants algériens, tant français qu'arabes, kabyles ou autres : ce serait le meilleur moyen de préparer des hommes réellement utiles pour un pays qui manque, non-seulement de bras, mais surtout d'agriculteurs capables.

Le plus grand moyen de civilisation, dans l'intérêt général et principalement dans l'intérêt des Français, serait de rendre l'enseignement de la langue française obligatoire pour tous les enfants : kabyles, arabes et européens. On ne serait pas ainsi exposé au désagrément qu'on a éprouvé en Alsace, où l'on parlait la langue allemande dans un pays français.

Les Romains, pendant les siècles qui ont précédé l'ère chrétienne ; les Espagnols, dans les temps modernes, ont imposé non-seulement leurs mœurs et leurs coutumes, mais encore l'usage du latin et de l'espagnol aux peuples vaincus et conquis par eux. Qui veut la fin, veut les moyens.

A quoi bon se bercer d'illusions et d'espérances décevantes et rêver une fusion impossible ?

Les Romains et les Espagnols ont été vraiment des peuples colonisateurs ; les Anglais ont imité leur exemple dans l'Amérique du Nord et en Australie ; ils n'ont pu faire de même dans les Indes.

Les autres peuples ont été tour à tour des peuples conquérants ; mais ils n'ont pas su imposer leur langue aux races conquises, et, par suite, ont laissé peu de traces de leur passage.

L'Europe, au contraire, a conservé des vestiges et des traces de la domination romaine, et l'Amérique du Sud est, en grande partie, espagnole par ses mœurs et l'usage de la langue parlée.

—

Il convient de remettre aux mains des colons français tous les terrains disponibles, en appelant ici le plus grand nombre possible de nos ouvriers et agriculteurs sérieux, auxquels on accordera des avantages positifs et réels.

Au moment où les départements producteurs du vin sont ravagés par le phylloxéra, il est indispensable d'encourager la viticulture, sans négliger d'ailleurs la culture des céréales et des plantes fourragères, et l'élevage des bestiaux; les races chevalines, ovines, porcines et bovines peuvent être perfectionnées en Algérie aussi heureusement qu'ailleurs.

—

Il serait aussi très-utile d'améliorer la finesse ou brin de la laine par des croisements intelligents de béliers choisis, comme on l'a fait en Australie et au cap de Bonne-Espérance. On obtiendra ainsi une laine meilleure et plus fine, ayant une plus grande valeur que celle recueillie jusqu'à ce jour en Algérie.

Les résultats seront, dès lors, les mêmes que dans les départements du midi de la France, dont le climat se rapproche de celui de l'Algérie et où la race ovine produit d'excellentes laines mi-fines ou métis, par le choix de béliers reproducteurs pris parmi les races les plus vigoureuses et produisant une laine d'une assez bonne finesse.

—

On devrait punir sévèrement les fraudes commises par les Arabes, qui, malgré la surveillance dont ils sont l'objet, parviennent encore à mettre du sable dans chaque toison de laine, lors de la tonte, et, par d'autres manœuvres regrettables et coupables, éloignent les acheteurs européens et discréditent les marchés de laines en Algérie.

—

Il est urgent de constituer la propriété individuelle dans de plus larges proportions. On rendra ainsi un grand service à la généralité des Kabyles et des Arabes, et on aura, par ce fait, un puissant moyen d'action pour la colonisation de l'Algérie. Chez les Kabyles, la propriété est très-divisée ; mais il n'y a pas division du sol entre les membres de la même famille : ce qui, en empêchant l'action individuelle, est la cause, pour l'indigène, d'une certaine imprévoyance, je dirai même un obstacle à l'établissement de notre influence. Les Kabyles possèdent quelques hectares par tête ; les Arabes du Tell, propriétaires par tribus, peuvent être considérés, d'après un calcul fictif qui ferait la part de chaque homme individuellement, comme possédant de sept à huit hectares par tête ; tandis qu'au delà du Tell et dans le Sahara, enfin dans le pays des grandes tentes, on compte soixante-douze hectares environ par tête.

—

Pourquoi, à l'expiration du privilége de la Banque d'Algérie, en 1881, ne pas établir des succursales de la Banque de France à Alger, Oran et Constantine, comme aussi dans les autres principales villes de l'Afrique française, ainsi qu'on l'a fait avec succès dans toute la France ? Ce sera établir largement le crédit vrai des maisons sérieuses du pays et leur fournir les mêmes facilités et les mêmes moyens d'action que dans la mère-patrie. Le loyer de l'argent est, actuellement, à 3 % en France, tandis qu'il est, en Algérie, à 6 %, officiellement en banque, et à un taux plus élevé, en réalité, partout ailleurs ; différence : 3 % au moins, ce qui est énorme et peu encourageant pour la Colonie. Etablir, par le moyen indiqué, le même taux dans l'un et l'autre pays, ce sera rendre un grand service à l'Afrique française, le plus beau fleuron de toutes nos possessions hors de France.

Il n'y aura qu'à rembourser aux actionnaires de la Banque de l'Algérie le montant ou la valeur des actions lors de la transformation., et non pas de celui de l'époque de l'émission des actions; on ne doit pas, en effet, nuire aux porteurs de ces actions.

—

Pourquoi le billet de la Banque de France, cette institution financière fondée avec les meilleurs et les plus grands éléments de succès et de solidité, et qui a concouru dignement à payer l'impôt de guerre en 1871, par ses avances, et à aider le pays pendant d'autres crises graves; pourquoi dis-je, le billet de la Banque de France ne serait-il pas reçu ici comme dans la mère-patrie? En Italie, en Belgique et dans d'autres pays étrangers, le billet de la Banque de France est mieux reçu et coté qu'en Algérie; c'est une anomalie choquante.

—

Il sera bien de penser à fonder une banque agricole dans l'Afrique française, de manière à rendre des services réels à l'agriculture et à la propriété.

L'agriculture ne doit pas être ainsi délaissée et mise à la disposition de l'agiotage ou de l'usure, qui l'a rongée jusqu'à ce jour en Algérie.

Le titre II ou obligation de la résidence en Algérie pendant cinq ans, pour les colons concessionnaires, est un grand obstacle à la colonisation largement entendue et à la venue en Algérie ou au concours de capitalistes sérieux, qui ne veulent pas abandonner complétement leurs intérêts en France et les brusquer.

—

Les récoltes ont triplé, au moins, depuis que les Français et les Européens ont pris plus largement possession du sol de l'Algérie, si on les compare avec celles obtenues par la culture des Arabes, qui emploient des instruments aratoires moins perfectionnés et qui travaillent la terre avec trop d'indolence et d'incurie.

En Kabylie , la terre est mieux cultivée et la population est bien plus valide et plus laborieuse que la population arabe.

Il faut convenir que les Arabes, et surtout ceux des grandes tentes, sont très-insouciants et peu travailleurs, pour ne pas dire autre chose.

—

Le refoulement de la race arabe par degrés, c'est-à-dire sans précipitation et sans brusquerie, moyennant juste indemnité ou compensation, suivant la valeur intrinsèque des terres, devient de plus en plus une mesure indispensable d'expropriation pour cause d'utilité publique, en quelque sorte ; il n'y a , pour cela faire , qu'à élargir de plus en plus le cercle des concessions aux Français, surtout à ceux qui ne demandent qu'à quitter la mère-patrie, parce qu'ils ne trouvent plus dans leur pays natal les mêmes conditions d'existence, depuis que le phylloxera a ravagé de nombreux départements viticoles. Ce sera vouloir être utile à l'Algérie et à la France en même temps. Jamais époque n'a été plus favorable à la colonisation de ce vaste pays.

Pourquoi se bercer sans cesse d'illusions? La France est un assez grand peuple pour savoir aborder les difficultés et les obstacles, franchement et énergiquement, sans s'écarter de la ligne de la justice et de la droiture. Le temps des utopies et des chimères relatives à notre domination en Algérie doit être passé.

Sachons coloniser cette grande contrée utilement, comme on a si bien commencé à le faire depuis un certain temps.

Il n'y a plus, aujourd'hui, qu'à persévérer dans la voie tracée par le Gouverneur général , que secondent avec tant de zèle et d'intelligence les généraux commandant les provinces, et en un mot, l'administration civile et militaire tout entière.

—

Si, maintenant, je cherche quelle est la conclusion naturelle de toutes les questions indiquées dans ces notes écrites, elle ne sera pas longue à trouver, et le simple bon sens répondra énergiquement par ces deux mots : des capitaux.

Des capitaux, il en faut pour exécuter les travaux publics jugés indispensables.

Des capitaux, il en faut pour répandre cette instruction professionnelle et cet enseignement de la langue française, que je réclame pour tous les enfants dont les parents sont fixés en Algérie.

Lorsque nous aurons trouvé ces capitaux, sans lesquels on ne peut même songer à regarder comme réalisable le but que nous considérons nécessaire d'atteindre, nous nous trouverons, alors, vis-à-vis de l'agriculture et du commerce, qui eux aussi, et non moins instamment, nous demanderont des capitaux.

Eh bien ! comment arriver à procurer au Gouvernement, les ressources qui lui permettront de transformer rapidement l'Algérie dans le sens que je viens d'indiquer?

Comment arriver à fournir à l'agriculture et au commerce les facilités de crédit, sans lesquelles l'initiative individuelle n'est qu'un mot?

C'est là ce que je me propose d'indiquer sommairement.

Pour donner au Gouvernement les ressources nécessaires, j'avoue que je ne trouve qu'un moyen : un emprunt colonial de quatre cents à cinq cents millions, qui permettrait de faire rapidement ce que l'on sera quand même obligé de réaliser plus tard ; grâce à cet emprunt, les richesses que l'Algérie renferme seraient, enfin, immédiatement mobilisées.

L'idée n'est pas neuve, mais je crois qu'elle a le mérite d'être bonne ; la discussion, qui précéderait la réalisation, aurait l'avantage de faire connaître l'Algérie, trop peu appréciée par beaucoup de Français.

Mais, — objectera-t-on — avez vous le moyen de couvrir l'emprunt ou de le garantir? A cela, je répondrai que je crois les ressources de l'Algérie suffisantes, pour qu'une pareille dette ne l'écrase pas. Je suis convaincu que les hommes habitués aux questions financières n'en douteront pas.

Un pareil emprunt s'adressant à la souscription publique, je ne vois pas pourquoi (afin de rassurer le souscripteur) la France, qui, en définitive, recueillera le fruit des progrès réalisés en Algérie, se refuserait à garantir cet emprunt.

Si la métropole, contre toute attente, refusait, pourquoi l'Algérie n'essaierait-elle pas de faire garantir par un syndicat de sociétés financières, qui viendraient offrir aux souscripteurs de l'emprunt le surcroît de garantie qu'ils pourraient exiger? Tout cela serait, il est vrai, soumis à un vote des Chambres, et il faudrait l'autorisation de la France, alors même qu'elle ne donnerait pas sa garantie.

Nous le savons; mais nous ne voyons, en cela, qu'un obstacle de plus et non une raison pour reculer. Quand il s'agit du bien et de l'avenir de l'Algérie, il faut savoir oser.

—

J'indiquerai aussi, comme moyen immédiat et plus facile à adopter, par conséquent, les avantages de fonds à consacrer à l'œuvre de la colonisation : un ou plusieurs syndicats libres d'immigration et de colonisation, faisant l'avance à l'Etat des capitaux nécéssaires à la création, par voie d'expropriation au besoin, d'un certain nombre de centres de population européenne. Il serait indispensable que le Gouvernement général de l'Algérie voulût bien garantir, avec le consentement de l'Etat, le remboursement, avec les intérêts compris, des avances en un certain nombre d'annuités à prélever sur le budget de la colonisation de l'Afrique française.

Ce moyen est indiqué pour arriver à une solution plus prompte et plus positive, en escomptant les sacrifices actuel-

lement très-insuffisants, que l'Etat consacre, très-parcimo-
nieusement, à l'œuvre de la colonisation algérienne.

—

J'aborde, maintenant, la question des facilités de crédit
réclamées par l'agriculture et par le commerce.

En Algérie, le crédit agricole est nul.

La Banque de l'Algérie n'escompte pas le papier des colons, et le colon, pressé par le besoin d'argent, tombe entre
les mains de l'usure qui le ronge.

Comment remédier à ce mal ?

On a parlé de l'établissement de petites banques agricoles
locales, prêtant sur hypothèques ; mais si elles devaient
trouver, en Algérie, des éléments de succès suffisants, l'initiative privée en eût fondé.

Ce qu'il faut à l'Algérie, c'est une grande banque coloniale à nombreuses succursales, prêtant sur cession des récoltes ou warrants, où un établissement de Crédit foncier
algérien, auquel l'Etat accorderait les mêmes priviléges que
ceux concédés, précédemment, au Crédit foncier de France.

Reste le crédit commercial. La Banque de France n'escompte que du papier à trois signatures ; ces trois signatures,
dans les transactions ordinaires, représentent l'acheteur, le
vendeur et un banquier particulier.

La Banque de l'Algérie escompte le papier à deux signatures : la signature supprimée est celle du banquier
particulier.

Qu'en résulte-il ? Une chose toute simple : Les capitalistes de la métropole, comme ceux de l'Algérie, ne veulent
pas faire des opérations de banque, dans la certitude où ils
sont que le contentieux sera le bureau le plus occupé de leur
établissement. Si quelques capitalistes passent outre, ils ne
prêtent qu'à des taux usuraires pour se couvrir des risques
qu'ils peuvent courir.

D'où il suit :

1° Que la Banque de l'Algérie reste maîtresse du taux de son escompte , n'ayant pas à craindre la concurrence des capitaux ;

2° Que les capitaux de la métropole ne viennent pas en Algérie ;

3° Développement de l'usure.

Mais, objectera-t-on, la Banque de l'Algérie verrait le taux de son escompte diminué , si elle n'acceptait que du papier à trois signatures. D'abord, cela n'est pas prouvé ; car, garantie par un banquier solvable , elle pourrait accepter certaines signatures, qui , seules , auraient pu être l'objet des critiques de son conseil d'administration. En tous cas , ne trouverait-on pas, dans la diminution de ses risques , par la garantie des banquiers particuliers , une compensation suffisante à la diminution du taux de son escompte ?

Le lendemain du jour où la Banque de l'Algérie n'acceptera plus que du papier à trois signatures, on pourra fonder des Banques particulières sérieuses en Algérie. Les capitaux français , attirés par l'appât du gain , qui, seul, les entraîne , viendront se disputer le papier algérien , et je suis profondément convaincu que l'on n'aura pas à se plaindre d'avoir attiré, dans le pays , des capitaux qui , sans la modification réclamée , n'y viendront peut-être jamais.

Alger , 1877.

A. AUBANEL.

Post-Scriptum.

Le rétablissement des Tours, destinés à mettre un frein aux infanticides, en augmentant, par une moindre mortalité, le nombre des enfants trouvés, permettrait d'accroître la population française en Algérie.

Ces enfants, transportés dès leur adolescence dans notre colonie, ne connaîtraient plus d'autre patrie et n'auraient pas la tentation, si funeste aux autres colons, de venir en France retrouver leurs parents, en abandonnant des cultures en plein rapport.

Élevés sérieusement, ils formeraient le noyau d'une population solidement établie dans l'Afrique française et dont le développement serait un des éléments de prospérité de ce vaste pays, jadis le grenier d'abondance de l'ancienne Rome.

Ces considérations sont certainement de nature à faire admettre par les Conseils généraux le rétablissement des Tours, dont la proposition a été récemment soumise par le ministère à nos assemblées départementales.

I.

S'il est malheureusement trop exact que le grand nombre
de nos compatriotes ignore l'Algérie, et, conservant contre
ce magnique pays des préventions injustifiées, ne se doute
même pas des ressources qu'il offre au développement de
l'industrie et du commerce nationaux ; il faut cependant
reconnaître que, depuis quelques années, de nombreuses
individualités ont entrepris de s'éclairer et de se former une
opinion propre.

Aussi voit-on augmenter, non-seulement le nombre, soit
des valétudinaires de la métropole qui viennent demander le
rétablissement de leur santé à nos rivages, soit celui des
touristes désireux d'ajouter, à la liste de leurs excursions,
le souvenir d'un voyage en Algérie, ou des artistes qui
viennent y puiser des sujet de tableaux ; mais encore, et c'est
là le point important, le nombre des travailleurs de la pensée
entreprenant d'étudier sur place les grandes questions qui
intéressent la France transméditerranéenne.

La liste de ces chercheurs est déjà longue ; elle s'enrichit
chaque jour, et, fait dont l'importance n'échappera à personne, la plupart se font un devoir de noter leurs impressions et de résumer le résultat de leurs investigations.

C'est ainsi que vient d'agir un propriétaire du midi de la
France, M. Aubanel, qui, après huit mois employés à parcourir en tous sens les trois provinces, a adressé, au Gou-

2

vernement général, des notes dont quelques journaux de la localité se sont déjà occupés, et qui, bien que n'ayant pas été destinées à la publicité, méritent de fixer l'attention. Si elles ne les résolvent pas, elles indiquent, en effet, les principaux problèmes dont l'Administration supérieure, la presse et l'opinion cherchent simutanément la solutión.

(Moniteur de l'Algérie).

II.

Barrages-réservoirs.

> — Créer de nouveaux barrages qui utili-
> seront les eaux d'une manière intelligente...
>
> AUBANEL.

Au rebours de ces publicistes qui n'entrevoient l'Algérie que du fond de quelque cabinet de rédaction de Paris, M. Aubanel se fait une équitable idée de l'œuvre féconde poursuivie par la France en Algérie, au prix de mille dangers dont on a peut-être trop perdu le souvenir, à travers mille obstacles de toute nature, dont la plus infatigable persévérance a pu seule venir à bout.

M. Aubanel rend tout d'abord à l'Armée, la première en date et en dévouement dans l'histoire de la conquête et de la colonisation, la justice qui lui est due et que personne ne peut songer à lui dénier.

Nous n'insisterons pas sur ce point : il faudrait n'avoir pas la moindre idée des choses d'Algérie, pour ignorer ou méconnaître la grande part que nos soldats ont le droit de revendiquer dans l'œuvre commune. Mais il nous plaît de retrouver la constatation de cette coopération, toute dévouée et toute d'abnégation, dans les notes qui nous occupent et qui résument, en quelques pages substentielles, les divers progrès et les divers « desidérata » de l'Algérie.

—

Le premier de ces « desiderata » qui ait frappé l'attention de M. Aubanel, c'est la nécessité de nombreux barrages. Cette question des barrages réservoirs est , en effet, une de celles qui se sont le plus souvent dressées dans les préoccupations de tous ceux que soucie l'avenir du pays. Elle a été agitée, avec quelque passion , vers la fin de 1863 , au sein du Conseil général de la province d'Oran et dans les colonnes de la presse algérienne.

Deux systèmes étaient en présence.

Le premier, s'appuyant sur la loi du 16 juin 1861, se résumait par la proposition de demander à l'État qu'il se dessaisit, en faveur de la province, de ses droits à l'exploitation de l'eau de certains ruisseaux désignés, parmi lesquels figuraient, en première ligne, les plus importants et sur lesquels l'État avait accompli des travaux considérables au profit d'une population agricole déjà nombreuse. Les propriétaires de ces contrées auraient payé des redevances annuelles qui eussent servi de base au crédit nécessaire pour la réalisation d'emprunts en vue de travaux nouveaux, devenant productifs à leur tour et en leur temps. Les résultats que l'on se promettait de cette spéculation, devaient permettre d'établir de puissants barrages-réservoirs, de nature à irriguer chacun toute une contrée.

L'autre système se basait, d'une part, sur l'iniquité qu'il pouvait y avoir à imposer les usagers des cours d'eau en question, pour une concession qui leur avait été libéralement consentie par la sollicitude de l'État, et, d'autre part, sur la crainte que devait judicieusement faire concevoir l'installation d'un seul immense barrage-réservoir par vallée, destiné à emménager de prodigieuses quantités d'eau, et à former ainsi un grand lac malsain, suspendu sur une contrée incessamment menacée par suite d'un effroyable cataclysme, en cas de rupture, sans autre but, d'ailleurs, que de servir une seule catégorie d'intérêts.

Les partisans de ce système concluaient donc à l'établissement d'une suite de barrages-réservoirs de moindre importance, chacun d'une valeur de 30,000, 50,000 ou 100,000 francs au plus, et permettant l'aménagement, à l'abri de tout danger sérieux, des quantités d'eau nécessaires au développement de la colonisation.

La majorité du Conseil général penchait pour l'adoption du premier système : les colons, dont les intérêts étaient spécialement en jeu, auraient préféré l'adoption du second.

On sait que l'opinion de la majorité du Conseil général prévalut à la longue, et que le résultat fut la création, par l'industrie privée, de l'important barrage-réservoir de l'Habra.

Notre intention n'est pas d'étudier à nouveau la question qui, en 1863, passionna le pays.

Nous voulons seulement constater qu'il reste toujours de nombreux barrages à entreprendre, et que dans l'établissement de ces nombreux barrages gît, en principe, la prospérité de l'Algérie.

Les grands barrages-réservoirs, comme celui de l'Habra, sont-ils ou non un danger ? C'est là une question que nous ne soulèverons même pas. Elle peut paraître, au premier abord, devoir se résoudre affirmativement, si l'on songe à quel épouvantable cataclysme la rupture d'un pareil ouvrage exposerait la contrée dont il dessert les intérêts agricoles. Mais, d'autre part, il faut reconnaître que des œuvres de ce genre sont la fortune d'un pays, quand toutes les précautions ont été prises, quand tout ce que la science humaine a de prévisions et de ressources a été mis en action.

—

Une autre question se présente : c'est celle de la difficulté que l'on rencontrerait, aujourd'hui plus qu'autrefois peut-être, à offrir à l'industrie privée les avantages qu'elle serait en droit de réclamer pour la création d'ouvrages aussi importants et coûtant si cher à établir. La résolution bien arrêtée, dans les Conseils du Gouvernement, de morceler la propriété et de réduire les grands espaces en fraction de villages et de lots de colonisation, serait sans doute un obstacle à la concession des dédommagements territoriaux ou autres, exigés en pareille circonstance par l'industrie privée pour consentir à remplacer l'Etat dans la création des œuvres d'utilité publique.

Quoi qu'il en soit, la question presse aujourd'hui comme en 1863, et nous croyons qu'elle pourrait être avantageusement résolue en revenant au système qui tendait à créer des barrages successifs et de moyenne importance.

L'auteur du rapport que nous analysons n'a point conclu dans un sens plutôt que dans un autre : il s'est borné à faire ressortir la nécessité de nouveaux barrages-réservoirs.

Les pénibles embarras dont nous menace l'année de sécheresse que nous traversons ne doivent-ils pas faire regretter que l'on n'ait pas suivi, sans interruption, depuis 1863, le système des barrages successifs ?

(Akhbar).

III

Reboisement.

> Persévérez dans le reboisement des campagnes et des montagnes.... Le climat sera alors modifié et rendu presque semblable à celui de la France, par conséquent meilleur pour les Européens.
>
> AUBANEL.

A la question des barrages-réservoirs se rattache, d'une façon très-intime, la question du reboisement.

Il serait au moins puéril d'insister sur la démonstration de ce fait qui a pénétré de tout temps, comme un axiome, les esprits les plus simples, à savoir que du boisement d'un pays dépend l'humidité fécondante du sol.

Et, pourtant, cette considération si élémentaire, a trop souvent été perdue de vue.; on a trop souvent semblé s'en désintéresser dans les régions administratives, ou du moins on a agi comme si l'on s'en désintéressait. Il en est résulté que l'inertie administrative aidant, l'indigène, dans son imprévoyance fataliste, n'a pas craint de brûler, d'arracher, ou de laisser dévaster les broussailles, qui auraient pu devenir tout au moins des arbrisseaux, et les arbrisseaux qui devaient se transformer en arbres. Et l'on a vu s'envoler, dans la fumée d'un jour, ce qui demandera des années à se reproduire.

Quelques-uns des concessionnaires de ce que l'on a appelé improprement « des forêts », — si l'on veut prendre le mot à la lettre et lui donner la signification qu'il a en France, — nous voulons dire quelques-uns des concessionnaires de terrains couverts de lentisques, d'oliviers, etc., ont bien aussi à encourir quelques reproches de négligence ou de mauvaise exploitation.

Mais, de quelque côté que vienne la faute, il est certain que le déboisement s'est opéré sur trop de points et de trop grandes étendues. Et ces actes de vandalisme ou d'incurie n'entreraient-ils que pour une légère part, — ce que nous contesterions d'ailleurs, — dans la sécheresse qui, trop souvent, ruine les espérances de nos infatigables travailleurs, que ce serait déjà trop.

Un colon nous exposait, l'autre jour encore, que depuis quelques années, une « forêt » voisine de ses champs, avait été périodiquement victime de coupes ou d'incendies inconscients, et qu'il avait remarqué que la progression de la sécheresse constatée dans le rayon de la « forêt », coïncidait avec la progression du déboisement. Cette remarque, combien d'autres, placés dans des situations identiques, ont pu la faire à leur tour !

Aussi, est-ce avec raison que M. Aubanel fait entrer, en première ligne, dans son appréciation des réformes urgentes, la question du reboisement sur la plus large échelle possible.

—

Nous avons déjà été heureux d'applaudir, avec tous les gens sensés et pratiques, aux efforts tentés par M. Nouvion, préfet d'Oran, pour amener les colons et les indigènes de la province qu'il administre, à faire le plus de plantations possibles.

Mais nous voudrions que la mesure ne s'en tînt pas à des conseils, à des encouragements, à quelques exemples isolés. Nous voudrions que ce fût une mesure coercitive, en quelque sorte ; nous voudrions qu'il fût ordonné de reboiser partout où il y aurait avantage à le faire ; que pas un village ne s'élevât, sans qu'on y adjoignît un communal destiné à devenir une réserve « forestière » de certaine importance, sans que l'on y réservât la place pour une pépinière quelconque ; nous voudrions que l'on étudiât, non pas par sousoubresauts, mais avec une attention suivie, avec une persévérance de chaque instant et que rien ne dût rebuter, quels sont les plants à introduire dans telle contrée, les plants à naturaliser dans telle autre. Nous voudrions enfin que l'Administration supérieure réservât des sommes importantes à ces causes modificatives du climat, et qu'elle usât de la dernière rigueur vis-à-vis de tous ceux, quels qu'ils fussent, qui porteraient une atteinte aux ressources boisées du pays.

On a bien édicté, on édicte bien encore, de loin en loin, des ordonnances préservatrices. Mais, à notre avis, on n'a pos toujours assez tenu la main à ce que ces ordonnances fussent inviolées ; et, nous le répétons, nous n'hésitons pas à croire que l'inertie dont, sur bien des points, on a fait preuve, en face des déprédations ou des négligences, doit entrer en ligne de compte dans les résultats de la situation agricole peu satisfaisante, où s'est parfois trouvé et où se trouve encore, aujourd'hui, le pays.

Aux portes d'Oran s'élève une montagne, naguère encore aride, brûlée par le soleil, où se faisaient jour, à grand'peine et à de rares intervalles, quelques maigres broussailles aussitôt disparues, où toutes traces de végétation semblait devoir être à jamais introuvable. L'administration militaire eut l'idée d'y établir, pour y essayer des plantations, des escouades de soldats que la voix publique décora du nom de « planteurs ». Pendant plusieurs années on s'obstina à l'œuvre de fécondation. Et cette obstination, qui n'a malheureusement pas duré assez longtemps, n'a pas moins suffi à faire d'une grande partie de la montagne de Santa-Cruz, une belle et salubre forêt de pins, dont l'influence a modifié les conditions climatiques des environs.

Il y a quelques années, — pour ne parler que d'une contrée entre tant d'autres, — quand on passait à Relizane, à Perrégaux, à l'Hillil, ou sur tout autre point aujourd'hui traversé par la voie ferrée, la vue était attristée par des horizons dénudés. Rien qu'un soleil torride plongeant sur la campagne, et, pour toute diversion, rien que des tourbillons de poussière blanchâtre, soulevés par le souffle énervant du siroco. Aujourd'hui, çà et là du moins, l'œil se repose sur des rideaux de verdure, et le voyageur traverse de riantes oasis disséminées dans l'immense plaine.

Nous reconnaissons donc que l'on a déjà fait quelque chose dans le sens d'un meilleur aménagement du sol au point de vue de l'arboriculture.

Mais ces efforts, — c'est pour nous un devoir de le redire, — sont encore trop isolés; il faut surtout ne pas procéder par intermittences ; il faut que chaque jour, en quelque sorte, produise sa part d'ombre et de fraîcheur à venir.

Les noms des administrateurs qui auront apporté leur ardent concours à l'œuvre de reboisement, resteront dans la mémoire des générations algériennes, et seront inscrits sur ce sol fécondé par leurs soins, à coté du nom des hommes dont la vaillance a fait de ce merveilleux pays une seconde terre française. *(Akhbar.)*

IV

Routes et voies ferrées.

Construire d'autres voies ferrées.
AUBANEL.

M. Aubanel s'est trop bien inspiré des besoins immédiats du pays, pour n'avoir point inscrit au premier rang des œuvres d'utilité générale qui restent à accomplir, l'achèvement du réseau de nos voies ferrées.

On sait déjà que c'est là une des préoccupations les plus vives du Gouvernement, — celle que l'on retrouve dans tous les aperçus d'ensemble publiés par l'Administration supérieure, qu'il s'agisse des nécessités stratégiques à satisfaire, ou qu'il s'agisse des problèmes économiques à résoudre.

Mais, jusqu'ici, la province d'Oran seule, pour une raison ou pour une autre, a vu donner une impulsion énergique à cette partie du programme, qui se rattache intimement à l'achèvement des voies ferrées et qui ne semble pas avoir été poursuivie plus activement dans une province que dans l'autre. Nous voulons parler de la construction des chemins vicinaux, dont le manque absolu est malheureusement trop regrettable sur tant de points.

Il est évident que l'achèvement du réseau des chemins de fer algériens suppose, au préalable, l'établissement de tous les chemins, départementaux ou vicinaux, appelés à rejoindre, comme autant de veines, l'artère ferrée à laquelle ils peuvent seuls apporter le mouvement et la vie.

Etablir des centres de colonisation tout le long d'un chemin de fer, c'est assurément faire preuve de jugement et de connaissances économiques; c'est aller au plus pressé pour ne pas laisser improductive l'installation si coûteuse d'une voix ferrée; et, il y a longtemps qu'on l'a dit, les populations viennent bien vite et d'elles-mêmes se grouper autour de ce puissant intermédiaire de communications rapides.

Mais il faudrait bien prendre garde aussi de sacrifier, même momentanément, à cette idée économique, — incontestable comme un axiôme dans les pays où la population a une densité normale, — d'autres préoccupations dont il faut, au contraire, tenir compte avant tout dans les pays où la population est aussi clairsemée que dans le nôtre. On risquerait d'amener la désertion, particlle tout au moins, des points de production trop éloignés de la voie ferrée, si l'on n'y reliait au plus vite ces points excentriques par d'autres voies de communication faciles et bien aménagées.

Cette autre face de la question économique ne pouvait manquer d'être prise en sérieuse considération dès que l'on a songé à presser activement l'achèvement du réseau algérien. Et, si nos renseignements sont exacts, la question ne tarderait pas à être abordée de front, avec les difficultés financières qu'elle comporte.

—

Mais alors, il faudra en revenir à l'idée d'emprunt, émise par M. Aubanel et unanimement appuyée par la presse algérienne.

On nous assure, en effet, qu'afin d'activer l'exécution des chemins de vicinalité, on songerait à créer, en Algérie, une caisse des chemins vicinaux, sur les bases où cette création a eu lieu en France, c'est-à-dire d'après les principes de la loi du 11 juin 1868. Tant il est vrai que toutes les fois qu'il s'agit d'intérêt général, c'est aux principes économiques de cette époque qu'il faut avoir recours, si l'on ne veut aboutir à des mécomptes.

Les articles 8 et 9 de la loi du 11 juin 1868 sont ainsi conçus :

« Art. 8. — La caisse des chemins vicinaux est gérée par
» l'administration de la Caisse des dépôts et consignations ;
» elle pourvoira aux dépenses prévues au moyen de la partie
» disponible des fonds déposés par les communes et établis-
» sements publics au Trésor et à la Caisse des dépôts et con-
» signations.

» En cas de besoin, elle pourra être autorisée, par un dé-
» cret, à créer et à émettre des titres négociables portant in-
» térêt, amortissables en trente années, dans la forme et aux
» conditions qui auront été approuvées par le ministre des
» finances.

» Art. 9. — Les communes et les départements seront li-
» bérés de ces avances par le paiement de trente annuités de
» 4 % des sommes empruntées.

» Il sera tenu compte à la caisse par le Trésor, tant de la
» dépense complémentaire d'amortissement que des divers
» frais de gestion de la caisse ».

On aurait déjà, nous dit-on, pressenti la Caisse des dépôts et consignations, qui aurait donné à entendre qu'elle consentirait à prêter, aux communes algériennes, pour l'établissement de leurs chemins vicinaux, comme elle s'est déjà montrée disposée à le faire tout récemment, en vue d'autres dépenses.

Quant au gage de l'emprunt, qui doit être assis sur une rentrée certaine des annuités, on a dû reconnaître qu'il ne pouvait être efficacement demandé aux revenus départementaux en Algérie, ces revenus reposant sur l'impôt arabe qui ne saurait offrir les garanties voulues de fixité. Et il serait question de le demander à la part qui revient à chaque commune, dans la répartition du produit net de l'octroi de mer.

Mais c'est là une solution qui réclame un examen attentif

des intérêts en jeu. L'importation des marchandises devra subir une légère augmentation. Cette augmentation sera-t-elle compensée par le développement de production qui suivra nécessairement l'établissement des chemins vicinaux ? Toutes les probabilités semblent être en faveur d'une réponse affirmative. Aux chambres de commerce, qui seront sans doute prochainement consultées, si elles ne l'ont été déjà, de décider sur la valeur de la mesure proposée.

(*Akhbar.*)

V

Peuplement.

> Il convient de remettre aux mains des colons français tous les terrains disponibles, en appelant ici le plus grand nombre possible de nos ouvriers et agriculteurs sérieux, auxquels on accordera des avantages positifs et réels.
>
> Le titre II portant obligation de la résidence en Algérie pendant cinq ans pour les colons concessionnaires, est un grand obstacle à la colonisation largement entendue...
>
> Aubanel.

Des barrages, des arbres, des réserves forestières, des voies ferrées, des routes, des chemins vicinaux : tels sont sans doute les éléments indispensables à l'établissement et à la stabilité de toute population qui vient implanter ses intérêts et asseoir son avenir dans un pays. Mais encore ces éléments supposent-ils, au préalable, une population assez dense et économiquement outillée pour en tirer profit.

Cette population manque encore à l'Algérie.

Notre intention ne saurait être de rechercher à qui doit remonter la responsabilité de la situation. Voilà plus de vingt ans que l'on bataille à ce propos, et l'on n'est pas plus d'accord aujourd'hui qu'aux premiers jours de la lutte.

Nous voulons seulement constater que l'on semble, depuis quelque temps, poursuivre très-sincèrement la solution qui a soulevé tant d'ardentes controverses ; et, tout en rendant justice à de récents efforts, nous nous proposons uniquement d'examiner s'il n'est point en travers de la route suivie quelque obstacle qui soit de nature à rendre ces efforts hasardeux, sinon inutiles.

L'obstacle à tout accroissement de réelle importance, nous allions dire à toute stabilité, n'est-il pas juste de le voir dans les difficultés que les titres de concession, tels qu'ils sont actuellement formulés, opposent à un grand courant d'immigration et à la facilité des transactions auxquelles les propriétaires des terres doivent avoir recours pour tirer parti de leur propriété ?

Il y a longtemps déjà que la presse algérienne a signalé ces difficultés et qu'elle cherche les moyens de les tourner.

L'Administration supérieure s'est émue, à son tour, des réclamations qui surgissaient à ce sujet de toutes parts : elle s'est préoccupée, à diverses reprises, des mesures à prendre pour arriver à procurer aux colons nouvellement installés, le crédit qui leur manque et les mettre à même de trouver de l'argent qui leur serait nécessaire pour exploiter fructueusement les terres qu'elle leur a concédées.

Mais elle n'a point voulu comprendre, jusqu'ici, qu'elle n'atteindrait son but, qu'en faisant disparaître des titres de concessions, l'obligation de résidence personnelle, — cette obligation à laquelle elle croit devoir, au contraire, attribuer, au point de vue du peuplement des nouveaux villages, d'excellents résultats.

Et pourtant, après un examen approfondi des différentes solutions qu'a pu lui suggérer l'étude de la question, l'Administration a pu se convaincre que toutes se heurtaient fatalement à cet inflexible principe d'économie sociale : que l'on ne peut trouver à emprunter que sur un gage réel.

Pourquoi, dès lors, hésiter plus longtemps à conclure que, pour procurer aux colons nouvellement installés, le crédit qui leur manque, il faut, avant tout, les mettre dès leur installation, en possession définitive des terres qui ne leur sont actuellement concédées que conditionnellement, pour une période de cinq années ?

—

L'obligation de résidence personnelle a produit, assure-t-on, d'excellents résultats. Soit Mais est-il besoin de démontrer que cette obligation pourrait très-avantageusement être remplacée par une obligation d'exploitation effective, constatée avec plus de soin et de conscience qu'elle ne l'était jadis, et maintenue avec la plus extrême rigueur ? Les résultats de cette mesure ne seraient-ils donc pas au moins aussi profitables que ceux que l'on croit devoir attribuer à la seule obligation de résidence personnelle ?

« Il convient, » dit M. Aubanel dans son rapport à M. le Gouverneur Général, « de remettre aux mains des colons » français toutes les terres disponibles, en appelant en Algé- » rie le plus grand nombre possible d'ouvriers et d'agricul- » teurs sérieux, auxquels on accordera des avantages réels.

» Le titre II, portant obligation pour les colons conces- » sionnaires de leur résidence personnelle sur leur conces- » sion, pendant cinq ans, est un grave obstacle à la colo- » nisation largement entendue et à la venue et au concours » de capitalistes sérieux. »

L'auteur du rapport à M. le Gouverneur Général est ainsi d'accord avec tous ceux qui ont traité la question. Il ne s'est point préoccupé d'indiquer quelles seraient, à son avis, les meilleures mesures à prendre ; il se borne à constater un fait qui ne saurait échapper à personne de ceux qui appré- cient, comme elles doivent l'être et sans arrière-pensée, les questions d'économie sociale.

Un des collaborateurs de l'*Akhbar*, que la connaissance des besoins et des intérêts du pays, acquise par une expé- rience de chaque instant et par une étude approfondie, ponrsuivie au cœur même de ces besoins et de ses intérêts, c'est-à-dire au milieu des colons, rend, plus que tout autre, bon juge en matière de colonisation, M. le docteur Gaucher, a publié un remarquable travail sur le « Régime des concessions. »

Il a conclu, lui aussi, à l'abrogation de l'obligation de résidence personnelle et proposé, en remplacement, des mesures absolument équitables, dictées par une logique réelle, et qui nous semblent résoudre toutes les difficultés, tout en satisfaisant aux exigences qu'est en droit de montrer l'Admininistration supérieure.

L'Administration supérieure n'a peut-être pas eu le loisir de jeter les yeux sur les propositions du docteur Gaucher ?

Elles ne nous semblent que plus utiles à reproduire.

Il serait souverainement injuste, dit avec raison l'intelli- gent économiste, de récriminer contre une administration qui s'ingénie à faire le possible, j'oserais même dire l'im- possible, pour atteindre son but et procurer aux nouveaux colons tout le bien-être désirable. Tous ces règlements si compliqués et cette législation quelque peu embrouillée, parce qu'elle est trop surchargée, dénotent des efforts vers le bien. Ils ne sont pas couronnés de succès partout. Si même, ils vont souvent contre le but cherché, il ne faut en accuser que l'ignorance de la pratique, en ce qui concerne la terre et le capital. Des écrivains algériens ont répandu des flots d'encre pour attaquer le titre II et même l'ensemble des mesures acceptées en ce moment. L'Administration n'en peut mais ! ce n'est pas de la critique qu'elle demande, cela est trop facile, mais des conseils pratiques et surtout sérieux.

Je vais essayer de proposer un nouveau régime des concessions : s'il est mauvais, qu'on le laisse de côté ; s'il présente quelques avantages, que l'essai en soit fait.

Quel but l'Administration cherche-t-elle à atteindre ? Un seul : le peuplement de la Colonie par l'élément européen. Que cherche-t-elle à empêcher ? Les obstacles qui ne lui permettent pas d'atteindre sûrement ce but et qui peuvent tous se résumer en un seul ; la spéculation privée, contraire à l'intérêt général.

Il me semble que la question ainsi posée est hors de toute contestation.

Il ne doit et il ne peut exister dans les villages algériens, dans le temps présent, que des cultivateurs et quelques ouvriers d'art, comme le maçon, le charron et le menuisier, indispensables autour de ceux qui travaillent le sol. J'y accepterais une auberge, plus que suffisante pour les passagers.

Mais le cultivateur n'a pas toujours les ressources nécessaires pour le soutenir dans un travail dont les fruits sont annuels et incertains dans leur quotité. Il faut éviter de transformer les colons en menuisiers ayant des planches et pas d'outils. Le plus simple raisonnement veut que l'homme qui laboure, et pour lequel l'outil est fort cher, puisse être aidé par le capital.

Quant je parle du capital, j'éloigne celui qui accapare et absorbe tout, à un moment donné, par suite de ses exigences. En ouvrant largement la porte à l'un, il importe de la soigneusement fermer à l'autre. Il est constant que si l'on donne à un seul individu une étendue de 2,500 hectares, quelque riche qu'il soit, il ne les transformera pas, en quelques années, comme pourraient le faire 200 habitants. Telle petite ville, en France, aujourd'hui prospère et suffisant à la nourriture de plusieurs milliers d'habitants, n'était autrefois qu'un couvent habité par quelques moines !!

L'Administration préfectorale, après avoir exproprié, alloti et assuré l'eau et les communications pour la création d'un village, fera publier, par les journaux, qu'elle est prête à livrer un village à la colonisation. Les titres de concession seront préparés d'avance, afin que le colon prenne possession immédiatement. Il est très-important, dans l'intérêt du nouvel occupant, d'éviter toutes les lenteurs qui lui sont si préjudiciables, et de mettre les concessionnaires en possession de juin en juillet au plus tard ; ils peuvent ainsi prendre leurs dispositions pour les labours.

Les titres de concession seront délivrés gratuitement et immédiatement, sous la réserve de l'acceptation par le concessionnaire des conditions suivantes, qui doivent être exécutées rigoureusement.

ARTICLE PREMIER. — Tous Français, majeurs, mariés ou non, tous étrangers européens naturalisés français, mariés ou non, sont admis à l'obtention d'une concession en Algérie.

ART. 2. — Le concessionnaire, devra simplement justifier de son identité, et produire un certificat constatant qu'il n'a jamais obtenu de concession en Algérie ; le dit certificat émanera du Gouvernement général, où un registre alphabétique spécial sera régulièrement tenu.

ART. 3. — Le titre de concession, délivré en entrant en jouissance, constituera, au profit du concessionnaire, une propriété définitive, soumise à toutes les lois sur la propriété ; elle pourra être échangée, hypothéquée ou vendue.

ART. 4. — Le concessionnaire, dans le délai de trois mois, à partir de son entrée en jouissance, sera tenu d'habiter sur le lot à bâtir de sa concession, d'une manière effective et permanente, soit par lui-même, soit par un fermier exclusivement européen.

ART. 5. — Aucun concessionnaire ne pourra cependant vendre sa concession avant d'avoir exploité ou fait exploiter, pendant une année agricole entière, c'est-à-dire à partir du 1er septembre qui suivra la délivrance de son titre, jusqu'au 1er septembre de l'année suivante.

ART. 6. — Tout concessionnaire, vendeur d'une concession, pendant la durée de l'effet du contrat administratif, perdra, par le fait même, tout droit à l'obtention d'une autre concession en Algérie. Il n'aura plus que la ressource d'acheter de ses propres deniers ou de devenir fermier d'un concessionnaire.

ART. 7. — Nul ne pourra obtenir de l'Administration plus d'une concession dans les trois départements algériens.

Art. 8. — La durée des effets du contrat, signé entre l'Administration et le concessionnaire, est fixée à quinze ans, à courir du jour de la création effective du village par l'occupation des colons.

Art. 9. — Pendant la dite période, nul ne pourra posséder plus d'une concession dans le même village algérien.

Art. 10. — Tout concessionnaire qui abandonnera sa concession pendant un an et un jour, sans faire acte d'habitation et d'exploitation, soit personnel, soit par le fermier européen, sera déchu de plein droit de sa concession. L'Administration rentrera en possession, sans contestation, du bien abandonné, et sera libre d'en disposer en faveur d'un autre concessionnaire

Art. 11. — Dans le cas de créanciers ayant des droits sur la concession délaissée par un titulaire, la concession sera mise en vente aux enchères publiques. Le prix sera déposé à la Caisse des dépôts et consignations. Si le prix de vente excède la somme due aux créanciers, le surplus rentrera de plein droit dans les caisses de l'Etat.

Art. — 12. — Aucun des concessionnaires du village où se trouvera située la concession mise en vente ne pourra prendre part directement ou indirectement aux enchères.

Art. 13. — Tout acquéreur ou créancier, devenu propriétaire d'une concession, sera tenu à l'exécution du contrat administratif.

Art. 14. — Pendant la période de 14 années consécutives, il ne sera autorisé aucun échange entre les concessionnaires d'un même village, qu'à la condition expresse d'échanges de lots similaires ou de concessions entières.

Art. 15. — Tous actes portant sur les concessions seront faits devant notaire, s'il en existe un dans la région, ou par sous-seings privés enregistrés, transcrits et signifiés à l'Administration sous peine de nullité et cela pendant 15 ans.

Art. 16. — En cas de décès d'un concessionnaire, les héritiers suivront les effets du contrat administratif, et, s'il n'existe pas d'héritiers, l'Administration rentrera en possession.

Tel est le projet que je soumets à l'examen de tous ceux qui se préoccupent de ces questions. Il me paraît répondre à toutes les exigences administratives en fermant la porte à la spéculation et à l'accaparement. Il y aura des discussions et des observations sur ces articles, sans nul doute ; mais il en sortira peut-être enfin un projet définitif, qui permettra l'association du capital avec le travail, ce qui est indispensable pour la bonne réussite de l'œuvre administrative.

(Akhbar).

VI

Facilités de crédit.

Quand nous aurons les capitaux nécessaires pour exécuter les travaux publics , jugés indispensables , nous nous trouverons alors vis-à-vis de l'agriculture et du commerce qui, eux aussi, et non moins instamment, demanderont des capitaux.

Comment arriver à fournir à l'agriculture et au sommerce les facilités de crédit, sans lesquelles l'initiative individuelle n'est qu'un mot ?

AUBANEL.

Tout le monde — moins l'Administration supérieure — est d'accord sur l'impossibilité de procurer des facilités de crédit aux colons nouvellement installés, tant que l'obligation de la résidence personnelle n'aura point été remplacée par une législation plus large et mieux appropriée aux nécessités de la colonisation. Il faudra bien que tôt ou tard on en vienne à l'adoption de la mesure si universellement réclamée.

Mais il ne s'agit pas seulement de protéger les intérêts des nouveaux colons. Il faut encore offrir les plus grandes chances de stabilité et les facilités de crédit les plus étendues aux colons installés depuis longtemps déjà sur le sol, que leurs labeurs ont acquis à la civilisation française, — comme aux commerçants qui s'ingénient à ouvrir aux produits de nos colons d'avantageux débouchés.

Cette question ardue, qui remue tant d'intérêts divers et complexes, M. Aubanel a essayé de la résoudre dans la note complémentaire dont il a récemment fait suivre son rapport à M. le Gouverneur général.

« Comment, dit-il, arriver à fournir à l'agriculture et au
» commerce les facilités de crédit dans lesquelles l'initiative
» individuelle n'est qu'un mot?

» En Algérie, le crédit agricole est nul.

» La Banque de l'Algérie n'escompte pas le papier des
» colons, et le colon, pressé par le besoin d'argent, tombe
» entre les mains de l'usure qui le ronge.

» Comment remédier à ce mal?

» On a parlé de l'établissement de petites banques agricoles
» locales, prêtant sur hypothèques ; mais si elles devaient
» trouver des éléments de succès suffisants, l'initiative privée
» en eût fondé.

» Ce qu'il faut à l'Algérie , c'est une grande Banque colo-
» niale à nombreuses succursales, prêtant sur cessions de
» récoltes ou sur warrants, — ou bien encore un établisse-
» ment de crédit foncier algérien, auquel l'Etat accorderait
» les mêmes priviléges que ceux concédés précédemment au
» Crédit foncier de France. »

—

Le peu d'influence que pourrait avoir, sur la prospérité agricole de l'Algérie, l'établissement de petites banques locales,
ne nous semble pas absolument démontré. Nous avons, au
contraire, sous les yeux, dans la province d'Oran, l'exemple
du bien que peut produire une banque agricole locale, et les
résultats obtenus par le « Comptoir de Saint-Denis-du-Sig »,
devraient être un encouragement à la création d'établissements identiques. Les succès inespérés constatés par le dernier rapport du Conseil d'Administration, font vivement
regretter que l'initiative privée ne se soit pas manifestée dans
le même sens sur un plus grand nombre de points de production.

Mais enfin , la Banque agricole du Sig n'est encore qu'un
heureux accident, et les propositions de M. Aubanel n'en
subsistent pas moins avec toute la valeur qu'elles peuvent
comporter.

—

Tout aussi dignes d'attention nous paraissent les griefs dont
il se fait interprète , au point de vue des facilités de crédit
exigées par les nécessités commerciales.

« La Banque de France , poursuit-il , n'escompte que du
» papier à trois signatures ; ces trois signatures , dans les
» transactions ordinaires, représentent l'acheteur , le vendeur
» et un banquier particulier.

» La Banque de l'Algérie escompte le papier à deux signa-
» tures; la signature supprimée est celle du banquier parti-
» culier.

» Qu'en résulte-t-il ? — Une chose toute simple. Les capi-
» talistes de la métropole , comme ceux de l'Algérie , ne veu-
» lent pas faire des opérations de banque, dans la certitude
» où ils sont que le contentieux sera le bureau le plus occupé
» de leur établissement. Si quelques capitalistes passent
» outre, ils ne prêtent qu'à des taux usuraires, pour se
» couvrir des risques qu'ils peuvent courir.

» D'où il suit :

» 1° Que la Banque de l'Algérie reste maîtresse du taux de
» son escompte , n'ayant pas à craindre la concurrence des
capitaux ;

» 2° Que les capitaux de la métropole ne viennent pas en
» Algérie;
» 3° Que l'usure se développe à l'aise.

—

» Mais, objectera-t-on, la Banque de l'Algérie verrait
» son escompte diminué, si elle n'acceptait que du papier à
» trois signatures. D'abord, cela n'est pas prouvé, car, ga-
» rantie par un banquier solvable, elle pourrait accepter cer-
» taines signatures, qui, seules, avaient pu être l'objet des
» critiques de son conseil d'administration. En tous cas, ne
» trouverait-elle pas, dans la diminution de ses risques,
» par la garantie des banquiers particuliers, une compensa-
» tion suffisante à la diminution de son escompte ?
» Le lendemain du jour où la Banque de l'Algérie n'accep-
» tera plus que du papier à trois signatures, on pourra fonder
» des banques particulières sérieuses en Algérie. Les capi-
» taux français, attirés par l'appât du gain, qui, seul, les
» entraîne, viendront se disputer le papier algérien, et je
» suis profondément convaincu que l'on n'aura pas à se
» plaindre d'avoir attiré dans le pays des capitaux qui, sans
» la modification réclamée, n'y viendront peut-être jamais. »
— La question agitée dans les lignes que nous venons de
reproduire a été soulevée bien des fois déjà. La Banque de
l'Algérie a trouvé d'ardents et sérieux défenseurs ; elle a
rencontré d'aussi ardents et aussi sérieux adversaires ; mais,
jusqu'ici, on n'a encore apporté de raisons absolument con-
vaincantes, ni dans un sens ni dans l'autre.

(Akhbar).

VII.

Création de villages. — Expropriation.

> Il faut persévérer dans la création de vil-
> lages peuplés de colons français.....
> Le refoulement de la race arabe par de-
> grés, c'est-à-dire sans précipitation et sans
> brusquerie, moyennant juste indemnité ou
> compensation, suivant valeur intrinsèque
> des terres, devient de plus en plus une
> mesure indispensable d'expropriation pour
> cause d'utilité publique.
>
> AUBANEL.

L'immigration est le fait régénérateur de la colonisation ;
de tous les phénomènes sociaux, l'immigration est l'un des
plus conformes à l'ordre de la nature, l'un des plus perma-
nents à toutes les époques de l'histoire : « Il est aussi naturel
aux hommes, dit Burke, d'affluer vers les contrées riches

» et propres à l'industrie et à l'agriculture, quand, par une
» influence quelconque, la population y est faible, qu'il est
» naturel à l'air comprimé de se précipiter dans les couches
» d'air raréfié. » Que ce soit là un sentiment inhérent aux sociétés humaines, c'est ce qu'il est superflu de démontrer ; ce
qu'il y a de certain et ce que personne n'a jamais contesté,
c'est que les contrées nouvelles et peu peuplées retirent des
avantages considérables du courant d'émigration qui s'y
porte.

Il serait donc conforme aux intérêts coloniaux, aussi bien
qu'aux intérêts métropolitains, de créer un courant d'immigration constant de la France vers l'Algérie, à la condition
cependant que les émigrants soient des recrues et non pas
des charges pour la colonie. *(Réveil.)*

Parmi les moyens immédiats indiqués par M. Aubanel,
dans sa notice, pour arriver au prompt développement de la
colonisation algérienne, figure, en première ligne, l'établissement de nombreux villages.

C'est une vérité banale, que le principal souci de l'administration coloniale doit être d'augmenter le nombre des centres
européens, si l'on veut réellement pacifier complétement le
pays, assurer sa sécurité et lui garantir un progrès continu.

Il serait souverainement injuste de contester ce qui a été
entrepris jusqu'à ce jour dans ce sens. Beaucoup de villages
ont été créés ; quelques-uns ont acquis une grande prospérité ; des routes, des ponts, des lignes de chemin de fer sont
venus faciliter les transactions et accroître les ressources de
tous ces centres.

Depuis la dernière insurrection surtout, et grâce aux mesures de séquestre provoquées par M. Alexis Lambert, commissaire extraordinaire, et sanctionnées par M. le Gouverneur
général civil, amiral de Gueydon, des terres en assez grande
quantité ont pu être mises à la disposition de la colonisation,
et les fonds provenant de la contribution de guerre ont permis
de faire face à une partie des dépenses d'installation des villages.

Mais, il ne faut pas négliger de le dire, s'il a été fait beaucoup, il reste encore beaucoup à faire, et il ne ressort pas des
derniers programmes de colonisation que nous avons sous les
yeux, des discussions qui se sont produites au sein de nos
assemblées délibérantes, que l'on soit dans l'intention —
quant à présent, du moins — d'aller aussi vite et aussi loin
que nous le désirerions, que nous le jugeons nécessaire.

Il semble que les projets des premiers jours doivent subir
un temps d'arrêt.

Plus de terres, plus d'argent, telle est à peu près la réponse faite par l'administration supérieure, lorsqu'on la presse d'exécuter ses promesses.

Nous ne méconnaissons pas les difficultés de la tâche, l'importance des crédits nécessaires, car, en dehors de la création et de l'établissement des villages proprements dits, de nombreux et coûteux travaux sont indispensables pour assurer l'avenir des centres en projet.

—

Il n'y a plus de terres, dit-on, de terres disponibles, s'entend.

Ce n'est pas le moment de récriminer contre les mesures funestes prises, en d'autres temps, pour laisser aux mains des indigènes des quantités de terres qu'ils ne peuvent mettre en valeur. On leur a à peu près tout donné, de telle sorte qu'il ne reste plus que deux portes ouvertes à l'immigration européenne : l'acquisition de gré à gré, ou l'expropriation pour cause d'utilité publique. Nous ne parlons pas de l'éventualité d'une nouvelle insurrection qui n'est pas à redouter, quant à présent.

L'acquisition de gré à gré, il n'y faut point songer pour le moment ; la loi sur la propriété indigène n'a été exécutée, jusqu'à ce jour, que sur une partie insignifiante du territoire, et du train où vont les choses, on ne peut prévoir l'époque où des transactions sérieuses pourront être opérées.

Reste l'expropriation pour cause d'utilité publique, préconisée par plusieurs organes de la presse algérienne, des membres du Conseil général d'Alger, et, en dernier lieu, par M. Aubanel.

Nous nous sommes déjà expliqués sur la nécessité de recourir à ce moyen extrême, qui n'aura pas, pour les indigènes, les conséquences que l'on a semblé, un instant, redouter.

M. Aubanel va peut-être un peu loin lorsqu'il emploie le mot de refoulement.

Ce n'est pas cette mesure radicale que nous voudrions voir appliquer dans toute sa rigueur. Il ne peut, en effet, être question que d'exproprier la partie des terres dont on aura reconnu l'inutilité aux mains des indigènes.

C'est de leur superflu, en un mot, et moyennant compensation, dont il faudra les exproprier.

Si, maintenant, pour les besoins de la colonisation et de la sécurité, une expropriation en bloc, d'un douar par exemple, est jugée nécessaire, il faudra s'y résoudre, sauf à trouver ailleurs des compensations, en nature, autant que possible.

(*Vigie algérienne.*)

VIII

> Élargir de plus en plus le cercle
> des concessions aux Français, sur-
> tout à ceux qui ne demandent qu'à
> quitter la mère-patrie, parce qu'ils ne
> trouvent plus, dans leur pays natal,
> les mêmes conditions d'existence, de-
> puis que le phylloxéra a ravagé de
> nombreux départements viticoles.
> Jamais époque n'a été plus favorable
> à la colonisation du pays.
>
> AUBANEL

Dans cet ordre d'idées, la haute Administration, si elle veut, et elle veut certainement, peut être admirablement secondée par nos vaillantes populations du Midi de la France, si cruellement éprouvées par le phylloxéra ; mais il faut qu'elle se hâte, car la misère n'attend pas, et l'étranger est là, à nos portes, pour saisir au passage et accaparer, à son profit, tous ces rudes travailleurs dont il a pu, de longue date, appré-cier les mérites.

M. Aubanel, dans la notice qu'il a remise à M. le Gouverneur général, est le premier qui ait poussé le cri d'alarme ; ce cri, nous l'avons répété après lui et nous le répéterons encore jusqu'à ce qu'il ait été entendu. La viticulture française se meurt, la viticulture algérienne n'existe pas encore ; il faut sauver l'une en créant l'autre ; en un mot, il faut refaire les vignobles français en les transplantant en Algérie.

Dans le rapport lu au Conseil supérieur, à la séance d'ouverture du 14 novembre 1876, M. le Gouverneur général constatait que les ressources en terres, dont la colonisation était appelée à profiter, s'élevaient à *huit cent quarante mille* hectares, donnant la possibilité d'implanter une population nouvelle de *cent trente mille* habitants représentant *trente-quatre mille* familles, à raison de vingt-cinq hectares par famille.

—

Cette ressource est on ne peut plus précieuse dans les cir-constances actuelles, car elle donne, à la haute Administration, les moyens de créer ce courant d'émigration qui permettra d'enrichir l'Algérie sans appauvrir la France ; il est donc nécessaire, indispensable, de l'utiliser au plus tôt. Il faut escamoter toutes les formalités administratives et les mettre au panier ; il faut que M. le Gouverneur général prenne sur lui d'aplanir toutes les difficultés ; en un mot, il faut, administrativement, qu'il n'y ait plus d'autre intermédiaire, entre la terre et l'émigrant, que l'employé chargé de délivrer le titre de concession.

Il conviendrait que M. le Gouverneur général fît appel à la bonne volonté de quelques notabilités des pays viticoles ravagés par le phylloxéra ; qu'il les invitât à venir visiter l'Algérie, afin de se rendre compte, par eux-mêmes, des ressources de toute nature qu'elle présente au commerce, à l'industrie, à l'agriculture ; mais encore et surtout pour leur permettre de constater de « visu » la qualité des terres mises à la disposition de leurs compatriotes ; il serait même bon qu'il s'entendît avec eux pour l'emplacement des villages destinés aux émigrants viticulteurs.

Cette manière d'opérer, outre qu'elle est conforme aux règles élémentaires de la loyauté en matière de colonisation, aurait pour effet d'éviter bien des déboires et de prévenir les récriminations qui en sont la conséquence.

—

La situation dans les pays viticoles du midi de la France, est, en effet, très-grave ; certains propriétaires de vignobles, qui employaient un très-grand nombre d'ouvriers, se sont vus dans l'obligation, à la suite de l'invasion du phylloxéra, de congédier leur personnel et de ne conserver que quelques travailleurs. La ruine s'annonce menaçante et à bref délai pour les viticulteurs du Midi, qui, actuellement, en sont réduits à entamer leur épargne péniblement amassée.

Il faut, à tout prix, éviter à la mère-patrie les secousses qui résultent du chômage de certaines industries ; il faut, à tout prix, prévenir le retour de ces événements calamiteux qui pèsent si lourdement sur les populations de travailleurs, en les condamnant à la misère, et qui les poussent au désordre, quelquefois même aux insurrections de la faim.

Tout le monde doit travailler, car chacun a besoin de vivre, et la principale préoccupation d'un gouvernement qui se respecte et qui a souci des intérêts qui lui sont confiés, doit être de procurer du travail, c'est-à-dire du pain à ceux qui n'en ont pas.

Si l'Algérie est impuissante à soulager les misères résultant du chômage de certaines industries, d'une nature toute spéciale, elle est admirablement située, en raison de son voisinage avec la France, de sa fertilité, de ses richesses naturelles, pour prévenir les crises agricoles, et plus particulièrement celle provenant de la perte de nos vignobles du Midi.

La haute Administration a sous la main une population intelligente, essentiellement agricole, dont elle peut utiliser les services au grand avantage de la France et de l'Algérie ; son devoir est tout tracé et lui commande de l'attirer dans ce pays par tous les moyens dont elle dispose. Il est indispensable qu'elle s'en occupe de suite, sans plus tarder : le mal est profond : il lui appartient d'y apporter le seul remède efficace, si elle ne veut le voir empirer, et, ce qui est plus grave, l'émigration porter à l'étranger, au détriment de la France, une industrie nationale.

La terre, en Algérie, se prête admirablement à la culture de la vigne ; elle s'y prête même mieux que dans le Midi de la France. Dans ce pays, la vigne est presque en plein rapport au bout de trois ans, c'est-à-dire qu'elle est à trois ans ce qu'elle est dans la métropole à cinq ans. Il n'est pas rare, dans notre colonie, de voir la vigne donner un quart de récolte la deuxième année. La moyenne de la production qui est, dans la mère-patrie, de cinquante bordelaises à l'hectare, doit être à peu près la même en Algérie. Les plantations, faites dans de bonnes conditions, reviennent à quatre cents francs l'hectare ; mais les légumes que l'on peut cultiver les deux premières années entre les rangs des vignes suffisent, et au-delà, pour compenser cette dépense.

Jamais époque n'a été plus favorable à la colonisation que l'époque actuelle, et cette affirmation, qui a pu paraître singulière, tout d'abord, résulte précisément des catastrophes financières et agricoles qui ont assailli la mère-patrie dans ces derniers temps, et sur lesquelles M. Aubanel a vivement insisté.

Il est certain qu'aucun gouverneur général n'a eu à sa disposition les ressources qu'un enchaînement inouï de circonstances a placées entre les mains de M. le général Chanzy, et, si ce haut fonctionnaire sait en profiter, s'il veut en tirer tout le parti sur lequel nous sommes en droit de compter, il peut, en quelques années, transformer l'Algérie de fond en comble et doubler sa population agricole, par l'appoint de l'élément français.

(Réveil).

—

La colonisation qui, jusqu'à ce jour, n'a guère avancé que par secousses, a été retardée dans son développement normal, d'abord en raison du manque de capitaux, mais encore et surtout par suite du petit nombre d'agriculteurs véritablement sérieux qui ont consenti à venir s'installer dans ce pays.

Ces deux obstacles semblent avoir disparu : les capitaux, rendus craintifs par les désastres financiers connus sous les noms d'emprunts turcs, égyptiens, péruviens, espagnols, etc., abondent dans la métropole ; ils sont en quelque sorte sans valeur. L'argent, actuellement, vaut à peine deux pour cent en France, et encore trouve-t-on difficilement à ce taux.

Dans ces conditions, il est certainement possible de les

faire émigrer en Algérie, où ils peuvent trouver des avantages sérieux et des garanties qui ne le cèdent en rien à celles qu'ils rencontrent dans la mère-patrie, comme l'a prouvé M. Aubanel.

Les capitalistes, à court de débouchés présentant les conditions de sécurité qu'une dure expérience leur fait un devoir d'exiger, ne demanderont pas mieux que de concourir au développement et à la prospérité de ce pays, lorsque nous nous serons mis en mesure de les recevoir et de leur procurer les bénéfices qu'ils sont en droit de réclamer.

L'Algérie est à même aujourd'hui d'utiliser les bras et l'argent de la France : les bras ne manquent pas, l'argent est en abondance ; c'est à M. le Gouverneur général qu'il appartient d'en tirer parti, afin de sauvegarder, à tous les points de vue, les intérêts nationaux.

(Réveil).

Les étrangers qui visitent l'Algérie ne s'expliquent pas l'abandon dans lequel les capitaux français ont laissé jusqu'ici une conquête si richement pourvue de ressources naturelles, dont l'exploitation intelligente peut donner de si profitables résultats. Ces visiteurs se dépouillent promptement des préventions dont ils ne pouvaient se défendre envers l'Algérie avant d'y venir pour la première fois, en se trouvant eu présence de la vérité, qu'un préjugé aveugle s'est acharné à implanter en France au détriment d'une magnifique colonie. C'est ce qu'a compris et démontré M. Aubanel dans ses rapports et notices.

La lumière se fait ainsi peu à peu sur la valeur réelle d'une possession qui occupe une si brillante page dans l'histoire ancienne. En voyant les plus belles propriétés rurales passer dans les mains des étrangers, des Anglais notamment, les hommes intelligents comprennent de suite qu'il doit y avoir avantage à suivre l'exemple donné par un peuple reconnu, à juste titre, le plus apte du monde à s'enrichir en exploitant habilement les ressources de tous les pays. Il ne faut, du reste, qu'un peu de sagacité, pour comprendre qu'il y a de fructueuses opérations à faire en achetant des terres fertiles à raison de quelques centaines de francs l'hectare, qu'on ne pourrait acquérir à moins de deux à trois mille en France. Rien ne justifie donc cet écart de prix au préjudice des terres de l'Algérie, surtout lorsqu'elles ont des voies de communication avec les marchés de la colonie, où les produits agricoles se vendent au cours, à peu de chose près, du grand marché de Marseille. Les Anglais ont compris aisément les rares avantages que présentent des placements de capitaux effectués dans de pareilles conditions de solidité. Ces opérations sont bien comprises par leur esprit politique, et ils sont assurés de réaliser de grands profits en achetant à des prix les plus bas des terres qui prennent chaque jour de la plus-value.

Sémaphore (Marseille).

IX

Viticulture.

> Au moment où les départements producteurs du vin sont ravagés par le phylloxéra, il est indispensable d'encourager la viticulture.
>
> AUBANEL.

La préoccupation constante de nos colons doit consister, avant tout, à augmenter la production locale, afin de pouvoir d'abord rivaliser avec les produits similaires du dehors, diminuer ensuite et réduire à néant, dans un temps aussi bref que possible, l'importation des objets de consommation que l'on fait venir à grands frais de France et de l'étranger ; enfin, rapprocher l'époque où, grâce aux progrès continus de l'agriculture algérienne, il sera possible à la colonie d'exporter elle-même certains produits du pays— insuffisants, quant à présent, au besoin de ses habitants — ainsi que le fait se présente actuellement pour les céréales et autres objets de première nécessité, que l'Algérie expédie à la métropole et ailleurs.

Voilà, en définitive, où doivent tendre les efforts de nos cultivateurs algériens.

—

Si l'industrie, en effet, doit, pendant quelque temps encore, n'occuper ici qu'un rang secondaire, il ne saurait en être de même de l'agriculture — de toutes les branches de l'agriculture — qui peut presque instantanément acquérir un grand développement, bien que le contingent des terres détenues par les colons ou encore disponibles aux mains de l'Administration ne soit pas aussi considérable qu'il pourrait et devrait être.

Pour ne parler que de la viticulture, n'est-il pas évident que tout se prête ici merveilleusement à sa parfaite réussite ? Les nombreux essais qui ont été tentés dans ce sens en témoignent d'une façon victorieuse, et les résultats obtenus sont de nature à donner plein courage aux plus hésitants,

Beaucoup de colons, frappés de ces résultats, ont suivi l'exemple des premiers, et nous voyons déjà que la culture de la vigne s'étend, d'après les dernières statistiques, sur une superficie de 16,722 hectares, dont 12,868 sont aux mains des Européens et 3,864 appartiennent aux indigènes, ce qui est peu relativement, si l'on considère la quantité de terres qui pourrait être consacrée à cette culture.

Combien se trouve-t-il de propriétaires aisés qui possèdent des terres en friche et qui, au moyen d'un défrichement peu coûteux, pourraient se débarrasser de broussailles improductives et leur substituer des plantations de vignes ?

Leur nombre en est considérable, et, sans aller chercher nos exemples bien loin, on peut citer certaines grandes propriétés de la plaine de la Mitidja et du Sahel qui se trouvent dans ce cas.

Les produits sont largement rémunérateurs. On nous cite, entre autres, une propriété de la plaine, complantée de 50 hectares de vigne, qui rapporte, bon an, mal an, une quarantaine de mille francs.

—

A ce propos, que l'on nous permette une courte digression

Il nous souvient qu'au moment où le phylloxéra décimait avec le plus de persistance les vignobles du Midi, une des Chambres de commerce du ressort des départements ravagés, eut un moment la pensée de conseiller aux viticulteurs de remplacer leurs vignes par de l'alfa, et demanda sur cette problématique tentative l'avis de l'Administration algérienne.

Tout Algérien, sans doute, en sourira. Mais il faut bien se rendre compte que la Chambre de commerce dont nous parlons n'avait pas pu se faire un sens exact de la nature et des propriétés du textile africain qu'elle songeait à implanter en France en désespoir de cause, et qu'elle ne pouvait connaître que par de vagues récits où l'exagération devait jouer son rôle.

Il est évident que, — même en admettant comme bien et dûment constatée l'impossibilité de continuer la culture de la vigne dans un certain nombre de départements, — il restait tout au moins à démontrer que la « culture » de l'alfa était de nature à remplacer, sans trop de déboire, la culture abandonnée.

Or, la vigne produit au bout de quelques années ; et il faut bien plus longtemps à l'alfa pour assurer une récolte profitable. Il est donc assez probable — en dehors de toute autre considération — que, si l'on se fût avisé, par impossible, de substituer l'alfa à la vigne, le phylloxéra aurait eu le temps de disparaître, et que l'on eût déjà dû songer à replanter la vigne avant même que l'alfa eût laissé entrevoir la possibilité d'un produit avantageux.

Puis il restait à démontrer que la terre, dans laquelle il était question d'implanter le textile, serait propice à cette implantation.

Et enfin, une considération primait toutes les autres et ne pouvait permettre de s'arrêter plus longtemps à l'idée émise par la Chambre de commerce. C'est qu'il était matériellement inadmissible que la récolte de l'alfa, dans les départements où l'alfa eût remplacé la vigne, pût jamais — par suite des frais qu'elle exigerait et qui grèveraient d'autant le produit — soutenir la concurrence avec la récolte du Tell et des hauts plateaux algériens, où l'alfa est un produit spontané du sol, poussant, à la grâce de Dieu, sans plus de culture que n'en demande en France le chiendent, et n'exigeant d'autres soins et d'autres frais que ceux de la cueillette.

Quoi qu'il en soit, la pensée de la Chambre de commerce, qui nous est revenue en mémoire à propos des vignes algériennes et de leur avenir comparé à celui des vignes de France, attestait les craintes profondes causées par les ravages du phylloxéra et qui ne se sont que trop réalisées, en partie.

—

M. Aubanel, l'auteur des notes à M. le Gouverneur général, ne pouvait manquer de se préoccuper de la situation faite par le fléau aux viticulteurs, ses compatriotes ; et l'étude des immenses ressources offertes à la culture de la vigne, par la nature d'une grande partie du sol algérien, devait faire naître en son esprit la pensée de quelque ingénieux remède à cette déplorable situation.

Ce n'est point l'alfa algérien qu'il s'agit pour lui de transporter en France : c'est la masse des viticulteurs français qu'il voudrait transporter en Algérie.

Nous souhaiterions, aussi ardemment que personne, que cette proposition de M. Aubanel pût agréer à tous les vignerons français dont le fléau a, pour quelque temps, ruiné les ressources. Mais nous craignons bien qu'elle n'en séduise qu'un petit nombre.

—

Ce n'est pas au point de vue restreint des ravages du phylloxéra qu'il faudra se placer pour engager les viticulteurs de France ; c'est surtout au point de vue des résultats, plus qu'amplement rémunérateurs, qu'ils sont fondés à attendre de la culture de la vigne en Algérie.

La province d'Oran, plus que toute autre peut-être, offre à leurs labeurs un vaste champ de succès.

A travers des tâtonnements sans nombre, à la suite d'expériences essayées sur tous les plants, sur tous les modes de fabrication connus ou rèvés, nos colons sont arrivés à produire des vins d'un mérite réel.

Pour ne citer que quelques crus, ceux de Misserghin, de Bou-Sfer, de la Sénia, du Rio-Salado, — des crus d'hier, ceux-là, — et les crus déjà renommés de Mascara, ne fournissent-ils pas des preuves incontestables de ce que doit fonrnir l'avenir ?

Et encore, de tant d'hectares qui pourraient être merveilleusement appropriés à la culture de la vigne, cinq mille sept cent douze seulement sont plantés de ceps, dont le choix a, trop souvent, été laissé au hasard ou au caprice.

Le rendement moyen de la culture est de ceux que l'on peut avouer sans trop de honte : il est de quatre-vingt-douze mille hectolitres pour cinq mille sept cents hectares. Et il est juste de tenir compte que, parmi ces hectares, figurent de jeunes vignes de un à trois ans, qui ne donnent pas encore de rendement ou qui n'en donnent que fort peu.

En résumé, le rendement d'une vigne de cinq ans est de cinquante à soixante hectolitres en moyenne, pour la province d'Oran.

Les indigènes ne figurent encore, dans le tableau de la viticulture oranaise, que pour une faible exploitation de trois cents et quelques hectares. Mais il est permis d'espérer que les résultats obtenus par l'exploitation européenne les engageront à se lancer plus résolûment, à leur tour, dans la culture de la vigne.

Combien de terrains dont ils n'ont pàs tiré parti et qui se prêteraient admirablement à cette culture !

De même, chez les Européens, combien de terres ont été livrées à d'autres cultures quelque peu aléatoires, et qui, plantées de vignes, auraient été d'un rapport bien plus sûr !

Voilà ce qu'il faut dire à nos viticulteurs de France qu'a désolés le phylloxéra. Si l'on y ajoute que la vigne, en Algérie, n'a — généralement du moins — jamais encore été traitée comme elle aurait dû l'être ; que les méthodes de viticulture et de fabrication sont toujours ici à l'état d'embryon, ils devront comprendre quelles ressources le pays offre à leurs connaissances spéciales et à leur vieille expérience.

(Akhbar).

—

Si nous savions pratiquer l'esprit d'association comme la race anglo-saxonne, la viticulture prendrait un prodigieux développement aujourd'hui, en Algérie, à l'aide de puissantes sociétés formées pour consacrer leur expérience viticole et leurs moyens d'action à la poursuite d'entreprises réparatrices. M. Aubanel s'est vite pénétré des immenses ressources que l'Algérie offre aux capitaux qui sauraient les exploiter intelligemment. Il a publié à ce sujet une notice dans laquelle il indique les principales mesures à prendre pour donner une vive impulsion à l'œuvre de la colonisation. Il fait preuve d'esprit pratique en approuvant chaleureusement les idées des hommes qui n'ont cessé de servir la cause de cette conquête avec patriotisme et conviction.

M. Aubanel demande des capitaux à l'aide d'emprunts garantis par la Colonie et l'Etat, la prompte constitution de la liberté individuelle chez les indigènes, des établissements de crédit pour préserver les colons des étreintes ruineuses de l'usure, l'enseignement agricole dans des fermes modèles. Toutes ces choses sont excellentes et sont demandées, depuis longtemps, par des hommes compétents en ces matières, et qui les eussent certainement obtenues, si la France les avait secondés, comme c'était son devoir. Une œuvre nationale, comme celle qui nous incombe en ce pays, ne demande pas seulement le bon vouloir de l'Administration, elle exige aussi le concours de l'initiative privée de tous et de chacun; mais cette initiative lui a toujours fait défaut, jusqu'à ce jour, dans une grande mesure. L'impression favorable que l'Algérie a faite sur l'esprit de M. Aubanel, le portera, sans doute, à inviter ses amis à profiter des avantages incontestables qu'elle offre aux placements des capitaux métropolitains.

(Sémaphore de Marseille).

X.

Emprunt colonial.

La France a beaucoup fait pour l'Algérie, mais il reste beaucoup à faire. Des questions algériennes sont restées sans solution, faute de capitaux; ce sont donc des capitaux qu'il convient de chercher.

Des capitaux, il en faut pour exécuter les travaux publics jugés indispensables.

Des capitaux, il en faut pour répandre cette instruction professionnelle et cet enseignement de la langue française, que je réclame pour tous les enfants dont les parents sont fixés en Algérie.

Lorsque nous aurons ces capitaux, sans lesquels on ne peut même songer à réaliser le but que nous considérons comme nécessaire d'atteindre, nous nous trouverons alors vis-à-vis de l'agriculture et du commerce qui, eux aussi, et non moins instamment, demanderont des capitaux.

Eh bien! comment arriver à procurer au gouvernement les ressources qui lui permettront de transformer rapidement l'Algérie dans le sens que j'ai indiqué?

Pour donner au gouvernement les ressources nécessaires, j'avoue que je ne trouve qu'un moyen: un emprunt colonial de cinq cents millions, qui permettrait de faire rapidement ce que l'on serait obligé de réaliser plus tard; grâce à cet emprunt, les richesses que l'Algérie renferme seraient mobilisées.

L'idée n'est pas neuve; mais je crois qu'elle a le mérite d'être bonne.

AUBANEL.

L'idée était bonne, en effet; mais il restait à trouver le moyen de couvrir et de garantir cet emprunt : c'est ce que M. Aubanel nous indique dans les lignes suivantes que nous extrayons de son rapport :

«... Je crois les ressources de l'Algérie suffisantes pour qu'une pareille dette ne l'écrase pas. Je suis convaincu que les hommes habitués aux questions financières n'en douteront pas.

» Un pareil emprunt, s'adressant à la souscription publique, je ne vois pas pourquoi (afin de rassurer le souscripteur), la France qui, en définitive, recueillera le fruit des progrès réalisés en Algérie, se refuserait à garantir cet emprunt.

» Si la métropole, contre toute attente, refusait, pourquoi l'Algérie n'essaierait-elle pas de faire garantir par un syndicat de sociétés financières, qui viendraient offrir, aux souscripteurs de l'emprunt, le surcroit de garantie qu'ils pourraient exiger? Tout cela serait, il est vrai, soumis à un vote des Chambres, et il faudrait l'autorisation de la France, alors même qu'elle ne donnerait pas sa garantie.

» Nous le savons, mais nous ne voyons en cela qu'un obstacle de plus et non une raison pour reculer. Quand il s'agit du bien et de l'avenir de l'Algérie, il faut savoir oser.

» J'indiquerai aussi, comme un moyen immédiat et plus facile à adopter, par conséquent, les avantages de fonds à consacrer à l'œuvre de la colonisation : un ou plusieurs syndicats libres d'immigration et de colonisation, faisant l'avance à l'Etat des capitaux nécessaires à la création, par voie d'expropriation, au besoin, d'un certain nombre de centres de population européenne. Il serait indispensable que le Gouvernement général de l'Algérie voulût bien garantir, avec le consentement de l'Etat, le remboursement, avec les intérêts compris, des avances, un certain nombre d'annuités à prélever sur le budget de la colonisation de l'Afrique française.

» Ce moyen est indiqué pour arriver à une solution plus prompte et plus positive, en escomptant les sacrifices actuellement très-insuffisants que l'Etat consacre parcimonieusement à l'œuvre de la colonisation algérienne. »

En France, toutes les grandes questions, quelles que soient leur nature et leur origine, se résolvent par l'emprunt. Il était donc naturel que M. Aubanel s'arrêtât à cette idée, en ce qui concerne l'Algérie.

Le moyen proposé est-il pratique ? Toute la question est là. Dans l'état actuel des choses, nous n'hésiterons pas à répondre : le résultat peut être acquis, si la haute Administration veut bien y prêter la main.

Il est nécessaire, tout d'abord, lorsqu'on veut toucher à cette question d'un emprunt algérien, de se pénétrer de cette idée que l'Algérie, jusqu'à ce jour, n'a eu à sa disposition aucune ressource extraordinaire, et que ses ressources ordinaires se composent, en grande partie, des subventions que la mère-patrie lui accorde annuellement.

Vouloir contracter un emprunt, alors que l'Algérie n'arrive à se constituer un budget qu'avec l'argent de la Métropole, c'est, en réalité, réclamer, pour une période d'au moins trente ans et dans des proportions considérables, l'accroissement de la subvention que la France nous accorde chaque année. Ce résultat pourra-t-il être atteint ? Nous en doutons pour notre part. Dans tous les cas, le moyen est chanceux, et nous ne conseillons pas d'y avoir recours.

Il est temps, d'ailleurs, de rompre un peu avec ces vieilles habitudes qui consistent, à propos de tout, à tourner les yeux vers la mère-patrie, pour réclamer son assistance. Dans beaucoup de circonstances, et notamment, dans cette question d'un emprunt algérien, nous pouvons faire nos affaires nous-mêmes ; il est donc absolument inutile d'aller chercher ailleurs.

—

Un emprunt de 500 millions, ainsi que le demande M. Aubanel, devant se traduire, pour le budget de l'Algérie, par un surcroît de dépenses annuelles, et pendant 30 ans, de 35 millions environ, il convient, tout d'abord, de chercher les ressources les plus propres, sans gêner les colons, les industriels ou les commerçants, et sans avoir recours à la mère-patrie, à faire face à cet accroissement de dépenses.

La superficie de l'Algérie est un peu plus de 60 millions d'hectares, dont les deux tiers, environ, peuvent être utilisés, soit par l'agriculture, soit par l'industrie. En établissant une contribution foncière, par exemple de un franc par hectare, aussi bien en territoire militaire que civil, que la terre soit bonne, médiocre ou mauvaise, européenne ou indigène, arabe ou kabyle, arch ou melk, on arriverait à créer à l'Algérie un revenu annuel d'au moins 40 millions, qui permettrait largement de faire face à toutes les exigences d'un emprunt.

—

Contre ce système se dressera certainement cette objection : Il est injuste.

Les terres contribuent également, quoique étant d'inégale valeur. Cela est parfaitement vrai ; mais nous ferons remarquer que la taxe que nous proposons est un minimum que toutes les terres, mêmes les plus pauvres, peuvent supporter.

D'un autre côté, si l'égalité paraît bannie d'un système qui ne tient compte que de l'étendue, elle pourra être rétablie par l'impôt des mutations qui, lui, ne tient compte que de la valeur. Payant chaque année le droit fixe, à raison de l'étendue, la terre, à chaque mutation, paiera le droit proportionnel à raison de la valeur, et l'injustice se trouvera ainsi réparée.

—

Ce système aurait non-seulement l'avantage de procurer à l'Algérie l'argent dont elle a besoin, mais encore de procurer à la colonisation les terres qui commencent à lui faire défaut.

Il est certain que cette taxe, légère pour les tribus peuplées, sera écrasante pour les tribus dépeuplées, et que telle tribu, qui compte 6,000 habitants , aura peine à payer 150 mille francs, pour les 150 mille hectares qu'elle possède. Avec elle, les tribus ne pourront pas, comme aujourd'hui, posséder plus de terres qu'elles n'en peuvent cultiver. Où est le mal ? Seront-elles bien malheureuses? Elles auront la ressource de laisser, d'abandonner au domaine leurs plus mauvaises terres : elles vendront, elles loueront une partie des bonnes pour payer l'impôt.

Cette contrainte, exercée par le fisc, serait-elle injuste ? Violerons-nous, ainsi, la justice que nous devons observer envers le vaincu, sinon par égard pour lui, au moins par respect pour nous ? En quoi les intérêts des indigènes seraient-ils lésés ? parce que des terres , infécondes faute de travail, seront cultivées, fertilisées par d'autres bras. N'y a-t-il pas plutôt faute de notre part d'avoir toléré si longtemps et de tolérer encore, l'inculture, l'inutilité de vastes et fertiles territoires ?   (*Réveil*).

M. Aubanel a pondéré l'idée d'un emprunt colonial. Nous ne reviendrons pas sur le fond de l'idée ; mais il ne faudrait pas que ce fût une lettre morte, vagabondant de cartons en cartons. Assurément, si M. le Gouverneur général a accueilli, incité et partagé l'idée, c'est pour la réaliser, nous le voulons croire. Pour arriver à ce résultat, il importe de soumettre ce projet, non pas à l'approbation des assemblées délibérantes — soit des conseils généraux et municipaux — mais à leur appréciation simultanée.

Quant à nous, il nous paraîtrait pratique que ces conseils fussent consultés, non point sur le fond de l'idée, de son adoption ou de son rejet — elle est du domaine législatif — mais bien sur la répartition du fond en lui-même. En vérité, l'État a des droits, lui seul peut et doit poursuivre et assurer l'exécution des grands travaux d'intérêt général, tels que lignes ferrées reliant les trois départements, ports et routes nationales ; mais en dehors de ces travaux, les départements, les communes, n'ont-ils pas, eux aussi, des intérêts qui, pour être plus réduits, n'en réclament pas moins, à quelque titre, la sollicitude du gouvernement ?

La réponse est, évidemment, affirmative.

Il y aurait, par conséquent, un intérêt tangible à procéder à une sorte d'enquête préalable, à ouvrir une consultation qui pourrait, par exemple, porter sur deux points principaux :

1° Connaître les besoins des départements, au point de vue des travaux dont l'exécution leur incombe ;

2° Fixer l'importance des fonds nécessaires à l'exécution de ces travaux.

Ces deux mêmes questions seraient également placées sous les yeux des conseils municipaux appelés à y répondre.

C'est ainsi, sous cette forme appréciable, que le Gouvernement général pourra se rendre assez exactement compte des besoins des départements et des communes, en les unissant, pour ainsi dire, aux travaux de l'Etat. Cette sorte d'enquête préparatoire donnera le quotient.

Il sera facile, alors, de préciser l'emploi des fonds , d'en opérer la répartition, non point de la manière dont on a fait usage des cent millions de la Société algérienne, mais avec certitude, utilité et économie.

—

Il y aurait, en outre, à demander, aux conseils généraux et municipaux, des projets sommaires qui indiqueraient, par degré d'urgence, la série des travaux à entreprendre. Cette étude permettrait de mesurer la dépense aux forces relatives de chaque groupe, qu'il s'appelle département ou commune. A côté des deux questions posées plus haut et de celle que nous venons d'indiquer, rien n'empêcherait que les Conseils généraux et municipaux répondissent à une autre interrogation qui serait celle-ci : Dans quelle mesure le département ou la commune pourront-ils couvrir l'intérêt et l'amortissement de la somme mise à leur disposition ?

La réponse à cette dernière interrogation est des plus essentielles.

Evidemment, l'Etat sera le promoteur et le garant des capitalistes qui lui prêteront. Mais pourquoi l'Etat ne prendrait-il pas une sorte d'hypothèque secondaire sur les concessionnaires de partie des sommes qu'il aura lui-même empruntées?

L'emprunt, s'il est émis à l'exclusion de la garantie d'intérêt offerte par l'Etat, doit trouver le service de ses intérêts et de l'amortissement, soit dans le rendement de l'impôt, à l'aide de son mécanisme actuel, soit dans le produit de l'impôt transformé, comme le suggère M. Aubanel, soit encore dans l'application de centimes additionnels, ayant le caractère d'une contribution extraordinaire.

Le dilemme est ainsi posé : la propriété foncière, quelle que soit la forme sous laquelle on l'atteigne , n'en sera pas moins le seul agent fiduciaire chargé de servir de bailleur de fonds. Eh bien ! partant de ce point , n'est-il pas évident que , quel que soit le système employé pour produire le plus , les départements , d'abord , et certaines communes ensuite , prélèveront sur la quotité de l'impôt , soit la portion qui leur revient de droit , soit les centimes additionnels dont le quantum sera fixé par des lois de finances , et , qu'ainsi , le produit intégral de l'impôt ne reviendra pas à l'Etat seul ?

Il est donc bien évident que l'Etat, pris isolément, ne peut concevoir et s'approprier l'emprunt de 4 à 500 millions. Il est indispensable, pour la réussite même de l'opération, qu'il associe les départements et les communes, et celles-ci, qui ont des revenus qui leur sont propres, pourront peut-être s'imposer, comparativement, davantage, et alléger ainsi les charges de l'Etat.

Le Gouvernement général ne saurait, par conséquent, s'isoler. Il serait impuissant par ce seul fait que son budget manque d'équilibre, et que, quelle que soit l'assiette donnée à l'impôt, la part lui revenant ne suffira pas pour combiner l'intérêt et l'amortissement de l'emprunt. Il a besoin d'auxiliaires, et ils lui sont naturellement désignés.

—

Nous concluons : L'emprunt a le caractère colonial, il est vrai ; mais, à ce titre, il ne saurait être monopolisé dans les mains du budget de la Colonie. Les départements et les Conseils généraux, dans leurs attributions, ont le soin de pourvoir à l'exécution de certains travaux; il en est de même des communes. Or, l'Etat ne peut prétendre à embrasser le tout ; il faillirait à sa tâche, et le principe de décentralisation veut qu'il en soit ainsi que nous tentons de le démontrer.

Depuis trop longtemps cette tendance vers l'absolu nuit à l'Algérie. Le Gouvernement général de l'Algérie doit être, ici, ce que l'Etat peut être dans la métropole, rien de plus, rien de moins; et il ne saurait, sans outrepasser ses droits, se convertir en dispensateur, en seul juge de l'emploi de fonds dont les communes et les départements ont un aussi grand besoin que lui, si nous prenons comme terme de comparaison la nomenclature des travaux qui lui incombent et celle qui ressort des Conseils généraux et municipaux.

C'est pourquoi nous terminons en demandant que ces assemblées soient consultées dans les termes que nous avons indiqués sommairement.

Leurs réponses éclaireront, du moins, la question, fort complexe, il ne faut pas se le dissimuler.

(Vigie algérienne).

XI.

Industrie et Agriculture.

Tout en encourageant la viticulture, il ne faut négliger ni la culture des céréales et des plantes fourragères, ni l'élevage des bestiaux.

AUBANEL.

La chimie et la mécanique ont transformé du tout au tout, depuis vingt ans environ, les procédés de l'industrie ; aussi — les encouragements ne lui ayant d'ailleurs pas fait défaut — produit-elle maintenant, dans *toutes les meilleures conditions*, les objets qui lui sont demandés.

Gros intérêts des capitaux employés, fabrication à bon marché ; salaires élevés pour les ouvriers dont le travail de pénible est devenu intelligent, tels sont, en gros traits, les résultats de cette réforme.

En agriculture, nous entrons dans une période semblable ; mais les débuts sont durs. L'intelligence — il faut bien le dire — ne s'est encore que très-rarement portée de ce côté. On commence à reconnaître que c'est à tort; que les capitaux, intelligemment maniés, peuvent rapporter, en agriculture, antant et plus que dans l'industrie, sans être pour cela soumis à des risques aussi nombreux.

Jusqu'à ce jour, l'agriculture qui, cependant, fournit à l'industrie les huit dixièmes des matières premières que celle-ci a charge de transformer, est restée, en quelque sorte, le métier des parias. On n'avait aucune connaissance des règles qui présidaient à la transformation des éléments sur lesquels on agissait ; la force seule était demandée aux nombreux ouvriers, que nécessite ce premier métier du monde.

Aujourd'hui on sait quelles sont les modifications qu'il faut faire subir aux *matières premières agricoles* pour obtenir, dans les meilleures conditions, les produits voulus, et, on sait aussi, dans les travaux les plus pénibles, remplacer *avantageusement* la main de l'homme et suppléer à la force *tout à fait insuffisante* des animaux.

C'est surtout sous ce dernier rapport que l'évolution est rapide. Il est très-certain que, dans l'avenir, les travaux agricoles se feront de plus en plus par les machines. La constitution de l'outillage agricole — qui n'existait pas jusqu'alors — est une préoccupation générale ; nous en voyons chaque jour de nouvelles preuves. Nous en voulons donner une.

—

Parmi les nombreux visiteurs de l'Algérie, il se trouve fréquemment des esprits sérieux, qui sont tellement frappés des ressources qu'elle présente, qu'ils font immédiatement des efforts pour attirer ici des capitalistes ; ils réussissent souvent, et c'est par l'agriculture que débutent à peu près tous ceux qui viennent.

Nous citerons, parmi les touristes les plus fortement persuadés des ressources de notre belle colonie, M. Aubanel, dont le nom est maintenant connu de tous pour l'amitié qu'il porte à l'Algérie, pour les excellents articles qu'il inspire à la presse sur la question de « l'Emprunt algérien ». M. Aubanel ne se contente pas de cela : il agit auprès de ses amis, en France, pour leur faire porter ici leur attention ; il fait mieux encore : il obtient de son cousin, M. Jules Maistre, le don d'une machine à labourer, afin de convaincre les plus retardataires sur l'utilité de l'usage de la vapeur en agriculture.

Nous devons remercier chaleureusement M. Aubanel et M. Jules Maistre : ils feront faire, par cette générosité, un grand pas à l'agriculture algérienne qui leur en sera reconnaisante.

(Akhbar).

—

Intelligemment utilisée, la machine en question peut rendre de réels services dans ce pays surtout, où l'agriculture est le principal élément de prospérité.

Elle pourrait être employée, non-seulement par de grands propriétaires ruraux, mais encore par les petits colons, qui n'auraient qu'à s'entendre entre eux, à se diviser par groupes pour en obtenir la location dans les meilleures conditions.

Le labourage à vapeur est, sans contredit, une excellente innovation, car il permet de faire *vite* et *bien* ; conditions essentielles dans un pays où les pluies persistantes contribuent quelquefois à retarder et même à empêcher les travaux de labours, sur certains points, et où les procédés de culture, surtout chez les indigènes, sont loin d'avoir atteint le degré de perfectionnement que l'on peut constater ailleurs.

Mais, ne pourrait-on rendre plus efficace encore l'emploi de cette machine ?

Nous posons la question ; il appartient aux personnes expérimentées, aux gens intéressés de la résoudre.

—

Il est encore de nombreux points où la terre est recouverte de plantes parasites, qui la rendent impropre à toute espèce de culture. Sur de grandes étendues de terrain, le lentisque, le palmier-nain, le jujubier sauvage, l'asphodèle, règnent sans partage ; quelques troupeaux y trouvent un pâturage insuffisant, et c'est tout ou à peu près tout le profit qu'on en tire.

Nous ne contestons pas les nombreux défrichements auxquels il a été procédé depuis la conquête; mais s'il a été beaucoup fait, il reste beaucoup à faire, et tel propriétaire, qui possède cent hectares de terres, n'en a souvent qu'une vingtaine en état d'entier défrichement.

Les colons intelligents se sont vite aperçus des pertes qu'ils subissaient de ce chef, et ils se sont empressés, soit de défricher par eux-mêmes, soit de louer leurs terres pour une durée de trois et quatre ans, mettant pour seule condition à leur location un complet défrichement.

Mais tous n'ont pas compris leur intérêt de cette façon, et bon nombre ont laissé leur terre en friche, attendant quelquefois une plus-value, qui ne vient pas toujours, pour se débarrasser de leurs biens. Nous nous souvenons qu'un de nos amis, frappé de cette situation, voulait obliger le colon au défrichement de sa propriété par des mesures fiscales.

Nous éprouvons quelque répugnance à préconiser ce moyen, que nous estimons par trop radical; il nous semble qu'il suffirait de trouver, comme pour le labourage à vapeur, le moyen de faire vite et bien; le colon, pouvant disposer de suite de sa terre, se montrerait moins réfractaire à son défrichement.

Il existe bien des défricheuses; mais outre que les premières expériences n'ont pas donné les résultats que l'on espérait, leur prix n'est pas à la portée de tout le monde. Il faut donc trouver autre chose, et c'est ici que se place notre question.

Ne pourrait-on trouver le moyen de substituer ou d'adapter, sans beaucoup de frais, à l'appareil du labourage à vapeur, un appareil de défrichement?

C'est, nous le répétons, aux hommes compétents à résoudre la question.

De cette façon, la machine que veut bien nous envoyer M. Jules Maistre, pourrait être utilisée à deux fins. Les dépenses que nécessiterait son fonctionnement, pour les travaux de défrichement, seraient d'autant plus réduites, que la machine opérerait dans des terrains renfermant des broussailles, au moyen desquelles il serait possible, par la fabrication du charbon, de diminuer les frais de combustible.

Les résultats que l'on obtiendrait seraient considérables et contribueraient puissamment à augmenter toute espèce de culture et, notamment, celle de la vigne.

(Vigie algérienne).

Si nous ne craignions pas d'être indiscret, nous nous permettrions de conseiller à ces Messieurs, afin que cet instrument dont ils vont doter l'Algérie ne reste pas un instant en repos, de le choisir, s'il est possible, semblable à un autre qui fonctionnerait dans le pays. Nous croyons savoir qu'une autre machine à labourer, à la vapeur, doit venir, cette année en Algérie, pour être aussi essayée et montrée. Il serait désirable que les promoteurs de ces idées fécondes s'entendissent pour opérer avec des machines semblables.

Il y aurait, pour l'un et pour l'autre, évidemment, plus de chances de réussite et, par conséquent, le but que ces Messieurs veulent atteindre le serait beaucoup mieux.

Notre conviction raisonnée est, qu'avant peu, tous les travaux pénibles des champs se feront avec la vapeur comme force motrice.

Partant de ce principe, aujourd'hui admis par tous les agriculteurs éclairés, que plus la terre est profondément travaillée, plus soigneusement elle est ameublie, plus les récoltes sont assurées, on arrivera, avec la vapeur, à des procédés de désagrégation vingt fois plus énergiques que ceux usités maintenant.

—

L'industrie nous a ouvert la voie ; ce ne sont plus que des applications qu'il nous faut faire. Lorsqu'on sera plus familiarisé avec l'emploi de la vapeur, en agriculture, on n'hésitera pas à construire des instruments, fort différents, selon toute probabilité, de la charrue, qui désagrégeront la terre d'une autre manière qu'on ne le fait encore, et cela, parce qu'on disposera de toute la force nécessaire.

Il faut, pour que ces progrès se réalisent, que quelques capitalistes intelligents ne craignent pas d'engager, en agriculture, une partie des sommes qu'ils risquent si facilement dans le commerce. Et l'agriculture, celle de l'Algérie surtout, rend décuplé ce qu'on lui prête, à la condition de savoir attendre un peu.

Déjà nous voyons toutes les personnes qui ont acheté des propriétés en Algérie enchantées de leurs affaires : accroissement rapide du capital, tout en percevant un intérêt fort élevé. Et ces résultats sont atteints par les procédés ordinaires, souvent par la simple location, par l'exploitation d'un métayer, tous modes de tenure qui, outre le salaire des ouvriers, laissent un bénéfice souvent considérable à l'entrepreneur.

—

En présence de pareils faits, qu'on rencontre à chaque pas ici, il est impossible de n'avoir pas foi dans l'avenir de

l'Algérie, et spécialement dans celui de l'agriculture algérienne. Et les résultats seront encore bien plus frappants,
lorsque cette agriculture sera raisonnée, lorsqu'elle se fera
industriellement.

Ce sont la robuste vitalité de notre Colonie et les ressources immenses qu'on rencontre à chaque pas qui arrêtent les
voyageurs, venus dans l'intention de la parcourir seulement,
et les font, comme M. Aubanel, s'y fixer et attirer à eux
toutes les personnes auxquelles ils s'intéressent. Pour ces
hommes, habitués aux grosses affaires, le champ est vaste
ici. Nous devons les remercier de leur attention, les félici-
ter de leur perspicacité, et faire tous nos efforts, tout en
les renseignant exactement sur le pays, pour les y retenir.

(Akhbar).

—

L'Administration supérieure, qui a accepté le don de
M. Jules Maistre, avait chargé la Société d'Agriculture d'Alger de procéder aux expériences et convoqué les autorités,
la presse et un grand nombre de particuliers à cette solennité
agricole.

La charrue a fonctionné et tracé des sillons en présence
des invités ; des résultats, dignes de fixer l'attention, ont été
obtenus.

Le terrain choisi est un sol à fond marécageux, dont la
terre compacte offre au soc de la charrue une résistance telle,
que, depuis deux ans, on avait dû renoncer à le mettre en
culture. Or, sous l'action du câble qui relie à la machine
motrice l'appareil à labourer, celui-ci s'avance régulièrement et avec une rapidité relative remarquable, retournant
la terre à une profondeur de 30 à 40 centimètres, et déraci-
nant, en se jouant, les touffes de palmier-nain qu'il trouve sur
son passage. On peut même obtenir, avec quelques modifications, des défoncements de 0^m70.

Il est donc démontré que le mode pratique de défricher les
terres les plus rebelles, d'une façon économique et avec peu
de bras, existe, et la question à résoudre consiste à rechercher les moyens de mettre le cultivateur à même d'employer
cette force ; c'est donc à trouver cette solution qu'il faudra,
à bref délai, s'occuper, et l'homme qui l'indiquera pourra se
vanter d'avoir rendu à l'Algérie un signalé service.

Les appareils Aveling et Porter sont, en effet, d'un prix
élevé ; seuls, les grands propriétaires pourraient en enrichir
leur matériel agricole ; mais beaucoup hésiteraient devant
cette dépense et l'entretien obligatoire des deux ouvriers spé-
cialistes qu'exige leur mise en mouvement sur le terrain. C'est
aussi ce dernier motif qui sera le premier obstacle à la for-

mation de syndicats entre les petits propriétaires et les communes.

Il y a donc lieu de chercher une autre combinaison, comme, par exemple, la constitution d'une Société, qui, acquérant un certain nombre de machines à vapeur et de défonceuses, se chargerait d'exécuter, à forfait, les labours et les défoncements pour le compte des propriétaires. Les locomobiles devraient être aussi, au besoin, employées, soit à faire des transports, soit à faire des battages de grains ; elles pourraient être aussi employées, très-utilement, à l'élévation des eaux pour les irrigations et l'épuisement des marais, ainsi que cela se pratique dans le midi de la France.

On éviterait ainsi le chômage, et le personnel que les appareils exigent serait, de la sorte, constamment occupé.

Le grand point, le point capital est, en effet, que la conduite, tant de la locomobile que de la charrue, soit confiée à des hommes expérimentés, et ce serait s'exposer à des déboires continuels que de mettre ces engins entre les mains d'ouvriers qui n'en connaîtraient pas à fond le mécanisme.

Il ne peut y avoir de doute sur ce point, et ceci nous conduit, comme conclusion, à solliciter la Société d'agriculture de prendre, dès à présent, des mesures efficaces, à l'effet de tirer, du riche cadeau de M. de Maistre, tout le parti qu'il comporte.

Le but que s'est proposé le donateur ne serait pas, en effet, atteint, si, après les premières expériences, sa défricheuse était reléguée sous un hangar ou confiée au premier cultivateur venu, à charge de s'en procurer le personnel.

Pour que cet engin rende par lui-même, à l'agriculture, des services effectifs ; pour qu'il engage, par exemple, les populations rurales à suivre l'impulsion donnée, il est de toute nécessité qu'il fonctionne le plus possible et d'une façon régulière, sans à coups, sans tâtonnements, sans risque de détériorations provenant du fait de l'inhabileté des ouvriers.

La formation d'un personnel s'impose donc, tout d'abord, et, au point de vue financier, cette formation ne saurait créer de sérieuses difficultés. Car, si l'on ne peut songer à demander aux colons qui emploieront l'appareil de M. de Maistre, un prix de location représentant l'intérêt d'un capital qui a été donné à titre gracieux, on sera toujours en droit d'exiger d'eux une rétribution calculée, de telle sorte qu'elle couvre les frais du personnel au mois ou à l'année, ainsi que ceux de combustible et de transport.

Ces dépenses n'occasionneraient ainsi aucune charge ni à l'autorité supérieure ni à la Société d'agriculture, et le colon algérien retirerait, conformément aux désirs du donateur, le bénéfice entier des splendides étrennes qui lui ont été offertes.

(Moniteur de l'Algérie.)

XII
L'Instruction Arabe Obligatoire.

Le plus grand moyen de civilisation dans l'intérêt général, et surtout dans l'intérêt des Français , serait de rendre l'enseignement de la langue française obligatoire, pour tous les enfants kabyles, arabes et européens.......

Les Romains, pendant les siècles qui ont précédé l'ère chrétienne, les Espagnols, dans les temps modernes, ont imposé non-seulement leurs mœurs et leurs coutumes, mais encore l'usage de leurs langues aux peuples vaincus et conquis par eux.

L'Europe a conservé des traces de la domination romaine, et l'Amérique est en grande partie espagnole, par les mœurs et par l'usage de la langue parlée.

AUBANEL.

La question ainsi posée, s'est débattue dès le jour où la conquête a été définitive et où il s'est agi de consolider, par les bienfaits de la civilisation, la prise de possession si chèrement achetée par le sang de nos soldats.

La presse algérienne a longuement, à diverses reprises, commenté les projets que faisait naître l'idée d'une fusion de plus en plus intime, — au moyen de l'instruction française, — entre le peuple conquérant et le peuple vaincu.

Rien de solide ne poura, en effet, être établi avant que la communion de principes n'existe entre la race indigène et nous.

Vous aurez beau entasser décrets sur décrets, organisation sur organisation, tant que l'enfant arabe n'aura pas été élevé côte à côte avec l'enfant Européen ; tant que leurs jeunes intelligences n'auront pas puisé aux mèmes sources les enseignements qui devront les guider pour l'avenir, n'attendez pas de fusion.

Les préjugés enracinés depuis des siècles, dans l'esprit de la nation soumise, la routine dont elle a pris le pli, passeront de génération en génération, comme dogme politique et social ; et vous entendrez encore, dans cent ans, l'indigène dire avec conviction que l'heure ne doit pas être loin, où le « Moulle-Sâa » viendra jeter à la mer la race maudite des vainqueurs.

—

Sans doute, on a dans le temps créé, sur divers points, des écoles mixtes où devaient s'élever, côte à côte, les enfants des vaincus et ceux des colons; sans doute on a, dans le principe, vivement pressé l'indigène d'y envoyer ses enfants.

Mais que l'on consulte les statistiques, et l'on verra combien l'indigène s'est montré et se montre toujours réfractaire au mouvement que l'on a voulu lui imprimer.

L'œuvre est encore tout entière à faire.

La raison en est que l'on n'a pas eu toute l'énergie désirable et que l'on s'est trop tôt fatigué de la lutte.

Il fallait, — et l'on avait le droit de le faire, parce que ce droit répond aux grands principes qui doivent diriger la civilisation, — il fallait, comme le demandait la presse algérienne, forcer l'indigène à envoyer aux écoles, mixtes ou françaises, l'enfant abandonné à tous les hasards et à toutes les fatales influences de la vie errante.

Et là où il n'y avait pas possibilité d'avoir des écoles mixtes, il fallait créer des écoles purement arabes, uniquement dirigées par des maîtres français.

On n'a pas voulu user de l'énergie nécessaire : on s'est presque aussitôt lassé de difficultés que l'on s'est plu à croire insurmontables, et qu'un peu plus de patience serait parvenue à briser. Et peu à peu on s'est désintéressé de la question d'instruction, pour se rejeter dans les théories administratives, plus faciles à mettre à l'essai, plus séduisantes au point de vue des résultats personnels qu'en espéraient leurs auteurs.

—

Et pourtant, les Arabes mêmes, qu'une plus grande somme de savoir élevait au-dessus de leurs coreligionnaires, semblaient, presque tous, disposés à appuyer la tentative si malencontreusement abandonnée.

Pour ne citer qu'un exemple entre bien d'autres, Si Hassen-ben-Caïd-Ahmet, membre de la Commission envoyée à l'Exposition de Londres, écrivait au Gouverneur général de l'Algérie, le 25 mai 1862 :

« Jusqu'à présent, un des grands obstacles qui ont empêché le peuple arabe de bien connaître les choses, c'est le défaut d'instruction ; le jour où les indigènes pourront lire soit dans les livres arabes, soit dans *les livres français*, ce qu'ils ignorent, ce jour-là nous pourrons espérer qu'il se fera des progrès plus sensibles. En mettant à la portée de tout le monde les vérités de la science, nous pouvons arriver, par la nature même de notre caractère, qui est observateur et sérieux, à accomplir de grandes choses. *Je ne saurais donc trop encourager les indigènes algériens, nos coreligionnaires, à fréquenter les écoles françaises, et surtout à y envoyer leurs enfants.* La génération qui suit recueillera les bienfaits de ce conseil.

» J'ai remarqué que la langue arabe, qui servait autrefois à répandre, en Europe même, les sciences de l'antiquité grecque et romaine, se trouve, dès à présent, dans l'impossibilité d'exprimer, d'une manière claire, les progrès accomplis en toutes choses.

» J'ai remarqué aussi, et cela m'a été répété par bien des personnes compétentes, que la langue française se prête admirablement à exprimer les choses d'une manière simple et intelligible ; et ce qui le prouve, c'est que, dans tous les pays , les questions diplomatiques les plus difficiles sont traitées dans cette langue.

» Si donc les indigènes doivent étudier la langue arabe pour bien apprécier *les lois religieuses*, qui sont la base de la morale et *qui ne s'opposent pas au progrès, ils doivent* aussi *étudier la langue française* pour apprendre tout ce qu'ils ignorent.

» Plus les Arabes seront instruits et plus il leur sera facile de prendre les bons côtés de la civilisation et de laisser les mauvais ; c'est malheureusement ce qu'ils n'ont pas fait jusqu'à ce jour ».

— Voilà des enseignements qu'il eût fallu publier dans toutes les tribus, comme les éléments d'un dogme social nouveau.

Il fallait profiter du bon vouloir des chefs intelligents, ralliés, comme Si-Hassen-ben-Caïd-Ahmed, aux idées de la civilisation, pour imposer à l'indigène l'autorité de leur parole vénérée, par la publication répétée, multipliée à l'infini, de leurs idées, la fréquentation des écoles française, l'étude quand même et partout de la langue française.

Et pour cela, il ne fallait reculer devant aucun sacrifice, il ne fallait pas lésiner sur les moyens.

Les sommes dépensées à la propagation de l'instruction auraient été regagnées au centuple, et cette dépense eût été autrement profitable que tant d'autres, gaspillées dans des essais qui ne réussissaient trop souvent qu'à gorger certaines personnalités besoigneuses, au détriment de l'intérêt général.

—

Ce que l'on n'a pas eu la persistance de poursuivre alors, il faut le recommencer aujourd'hui, sous peine d'avoir inutilement entassé projets sur projets, réformes sur réformes, travaux sur travaux.

Les moyens à mettre en œuvre pour atteindre le but ne doivent pas être impossibles au Gouvernement général. Il lui suffirait de vouloir, mais de vouloir énergiquement, sans cesse, sans qu'aucune résistance puisse le rebuter.

Nous n'avons certainement pas la prétention de libeller, à son intention, quelque brouillon de décret, mais nous ne pouvons résister à la tentation de remettre sous ses yeux — en admettant qu'il ait le loisir de nous lire, — ce que proposait, voilà plus de quinze ans, l'un des plus intelligents directeurs d'école arabe qu'ait jamais comptés l'Algérie , M. Colomba.

Décrétez, disait-il alors à la Direction générale de l'Algérie, décrétez qu'à partir de 1870, par exemple, nul indigène musulman ne pourra être nommé , en Algérie, au poste de khalifa, d'agha, de caïd, de muphti, de bach-adel, d'adel, d'iman, etc., s'il ne sait lire et écrire le français ; — qu'à partir de cette même année, tout agent musulman au service de l'Administration, quelles que soient ses fonctions, sera tenu de rédiger, en français, tout acte public, judiciaire et autre et toute correspondance officielle ; et qu'enfin, toujours à partir de la même époque, seront considérés comme nuls et non avenus tout acte public, judiciaire et autre et toute correspondance officielle rédigés en arabe.

Décrétez encore que tout fonctionnaire musulman au service de l'Administration sera révoqué, s'il n'envoie pas ses enfants aux écoles arabes-françaises ; — que tous les enfants musulmans seront admis aux écoles arabes-françaises ou françaises à titre gratuit, et que tout père de famille musulman, ayant des enfants en âge de fréquenter ces écoles et qui ne les y enverra pas, paiera une rétribution de x francs par mois.

Puis, comme conclusion, défendez à tout taleb musulman de porter le titre de taleb et d'ouvrir une école purement musulmane, s'il ne sait lire, écrire et parler le français, et sans l'autorisation préalable du Gouverneur général. Et, enfin, supprimez toute école arabe dirigée par un taleb ne sachant pas lire, écrire et parler le français.

— C'étaient là des propositions radicales, auxquelles l'Administration supérieure a eu le tort de ne pas accorder la sérieuse attention qu'elles méritèrent.

Le regrettable chef de bataillon Charrier, commandant supérieur du cercle de Saïda, qui a rendu tant de services pendant sa trop courte carrière, et que regretteront toujours les colons et les indigènes de sa circonscription, avait appliqué autour de lui le système préconisé par M. Colomba. Tout spahis, par exemple, qui n'envoyait pas son fils à l'école française se voyait privé de toutes les faveurs qui peuvent être accordées à ces soldats des smalah. Le commandant s'assurait par lui-même, presque chaque jour, que ses instructions étaient rigoureusement exécutées ; et il nous a souvent affirmé qu'il en avait obtenu d'excellents résultats.

Ce qui s'est produit ainsi sur quelques points isolés devrait être la règle générale, uniforme, sans possibilité d'exception.

Si, comme le demandait M. Colomba, on eût décrété, il y a quinze ans, que nul musulman ne serait fonctionnaire ou agent du service de la France, à partir d'une époque déterminée, s'il ne savait lire, écrire et parler français, quelle amélioration n'aurait-on pas déjà à constater dans le sens d'un rapprochement entre les races qui vivent ici entre elles à l'état permanent d'indifférence, pour ne pas dire à l'état périodique d'hostilité.

Eh bien ! ce qui n'a pas été fait, il faut le faire.

(Akhbar).

XIII

L'Algérie à l'Exposition de 1878

L'Exposition universelle qui se prépare à Paris est, pour l'Algérie, une nouvelle occasion de montrer à l'univers entier ses admirables produits et les immenses ressources qu'elle offre au commerce et à l'industrie. Il y a quarante-sept ans que la France occupe cette colonie ; mais, quoique située à ses portes, elle est encore plus connue des masses par le bruit de ses guerres que par la richesse de son sol. Et ce n'est qu'en figurant à ces expositions qu'elle se fera connaître sous son véritable jour. C'est donc aux producteurs et aux exposants qu'il appartient surtout de faire tous leurs efforts pour que l'Algérie soit dignement représentée, et nous pouvons leur donner l'assurance qu'en cela ils seront parfaitement secondés par les personnes auxquelles le gouvernement a confié la tâche d'organiser l'exposition algérienne.

Dans ces dernières années, de nouvelles industries se sont créées ou développées, et quoique encore à leurs débuts, les produits qu'elles donnent ont acquis une réputation justifiée par une supériorité réelle sur leurs similaires de France ou de l'étranger. En Europe comme en Amérique, c'est en consacrant annuellement des centaines de mille francs à la publicité, que certains industriels parviennent à faire admettre leurs produits dans la consommation et à leur acquérir une vogue. En Algérie, la fortune n'est pas encore bien assise pour user de ces moyens. C'est à leur valeur seulement et non à la réclame que ses produits doivent leur réputation.

Cette exposttion, en mettant bien en évidence l'importance réelle de l'Algérie, achèvera d'établir son crédit en Europe. Déjà les capitaux, sans emploi de l'autre côté de la Méditerranée, commencent à venir, sans crainte, demander à fructifier dans notre colonie ; l'élan est donné, il ne s'agit que de l'encourager.

———

Le champ ouvert à l'industrie est large, en Algérie ; tous les capitaux peuvent y trouver un emploi avantageux. L'idée d'un grand emprunt, présenté pour la première fois, en 1854, par M. le général de Chabaud-Latour, est de celles qui sont destinées à changer la face du pays. Cinq cents millions, jetés en quelques années pour la prompte exécution de tous les travaux publics indispensables à la colonisation, amèneront certainement dans le pays un flot d'immigrants dont la présence ne peut qu'ajouter aux richesses de la Colonie.

———

Que de choses ont été faites depuis la conquête ! Mais combien en reste-t-il encore à faire !.. Dans une lettre remarquable, qu'un des officiers les plus distingués de l'armée d'Afrique, actuellement en mission auprès de la Commission spéciale de l'exposition de 1878, adressait, il y a quelques jours, à une personne bien connue pour se consacrer aux intérêts de l'Algérie, et qu'on a bien voulu nous communiquer, nous avons vu l'assurance du bon esprit qui, en ce moment, anime les hautes administrations algériennes ; elles ne poursuivent qu'un but :

« Hâter et faciliter la mise en valeur de toutes les forces
» productives du pays. »

Voci cette lettre :

A M. Aubanel, Alger.

Monsieur,

Je vous remercie d'avoir bien voulu me communiquer les divers articles dont vous avez provoqué la rédaction dans la presse algérienne. Le jour où les journalistes de notre Colonie, au lieu de se livrer à des polémiques politiques, assez stériles, comprendront que leur rôle est d'étudier et de discuter de bonne foi et en connaissance de cause, les grandes questions agricoles, économiques et financières qui intéressent l'avenir de tous les Algériens, — ce jour-là ils se rendront véritablement utiles, et leur parole sera écoutée. La haute administration algérienne, qui ne poursuit qu'un but : hâter et faciliter la mise en valeur de toutes les forces productives du pays, accueille, avec empressement, toutes les idées justes et pratiques, et considère, comme son premier devoir, de les étudier sérieusement, de façon à en amener la réalisation.

Vous rendez donc, Monsieur, un réel service à notre colonie, en donnant à vos impressions et à vos projets la publicité qu'ils méritent, et en ramenant nos publicistes dans la discussion des réalités fécondes, au lieu de les laisser s'user dans des polémiques de personnalités ou dans des théories chimériques.

Vous avez pleinement raison, en attirant l'attention des agriculteurs et des industriels sur la nécessité de vulgariser l'emploi des machines puissantes dans l'agriculture algérienne. La question des défrichements et des labours profonds a, dans ce pays, une importance capitale, et il serait bien utile d'y fonder une société qui, possédant de bonnes machines, exécuterait, moyennant une redevance annuelle de chaque propriétaire, les défrichements et les labours sur les parcours de nos voies ferrées, qui facilitent tant les transports des engins et du combustible. Il est également très-nécessaire d'étudier et de provoquer la création de chemins de fer à *petite section*, perpendiculaires à nos grandes lignes, dont ils devront devenir les affluents.

Les reboisements des sommets et la création de petites forêts d'eucalyptus, dans les plaines comme celles du Chéliff, sont des améliorations indispensables auxquelles je voudrais voir consacrer au moins 100,000 fr. par an. On a bien *créé* de toutes pièces, en France, des forêts (Saint-Germain, Compiègne, etc.). Ce qui, pour la France n'était qu'un luxe royal, serait, pour l'Algérie, une œuvre de bienfaisance prévoyante et féconde. Le service des forêts n'a pas compris, et ne paraît pas comprendre encore, que les grandes plantations forestières, à proximité des centres dépourvus de bois, constituent le côté le plus important de sa mission en Algérie. Enfin, l'achèvement des barrages, et, au besoin, l'étude d'un système d'irrigation qui consisterait à déverser, dans des canaux d'arrosage, l'eau élevée du lit d'une rivière ou des puits, à l'aide de machines à vapeur ou de machines solaires, doivent être l'objet de nos constantes études, tant au point de vue technique qu'au point de vue administratif et financier. Je ne parle pas de la nécessité d'encourager et de provoquer, de toutes façons, la propagation de la vigne et surtout l'étude sérieuse de la fabrication du vin; non plus que les cultures de la ramie, du lin, du ricin, si propres à enrichir nos colons. Toutes ces questions agricoles et économiques devraient passionner ceux qui se donnent la mission d'instruire les colons et de favoriser le développement de l'Algérie. Voilà dans quels sens l'activité de tous doit être poussée, et, alors, on verra ce que vaut réellement notre grande colonie, si peu connue et malheureusement calomniée par beaucoup de ceux qu'elle fait vivre.

L'idée d'un grand emprunt algérien m'a toujours paru excellente. Je ne comprends pas trop pourquoi elle n'a pas pu être réalisée plus tôt. Mais j'espère que l'Exposition de 1878, en mettant bien en évidence l'importance réelle de l'Algérie, achèvera de relever complètement son crédit sur les marchés européens. Il faut, pour cela, que nos exposants fassent tous leurs efforts pour rivaliser dignement avec ceux des pays comparables, comme climat et comme productions à notre colonie. Eucourager et provoquer les exposants, rechercher des combinaisons ingénieuses et pratiques, pour donner, à l'exposition algérienne, tout l'éclat et tout l'intérêt qu'elle doit avoir, c'est là encore un sujet bien digne d'exercer l'expérience et la plume de nos économistes et agriculteurs algériens. Vous pouvez être assuré que toutes les idées et tous les bons conseils seront accueillis avec empressement, par ceux à qui le gouvernement a bien voulu confier, en partie, la tache d'organiser l'exposition algérienne. Pour ma part je n'y faillirai point.

Veuillez agréer, Monsieur, l'expression de mes meilleurs sentiments.

Le Capitaine du Génie,
Commissaire à l'Exposition de 1878

Signé : R. HENRY.

Ainsi que le dit fort judicieusement l'auteur de cette lettre, c'est en discutant de bonne foi et en connaissance de cause, les grandes questions agricoles, économiques et financières, intéressant l'avenir, qu'on peut faire les affaires du pays, et non en s'épuisant dans de vaines discussions politiques et dans des polémiques de personnalités qui n'ont d'autre résultat que d'éveiller les passions et fomenter le désordre.

« Favoriser, autant que possible, le développement de l'Algérie, voilà dans quel sens l'activité de tous doit être poussée, et alors on verra ce que vaut réellement notre grande colonie, si peu connue et malheureusement si calomniée par beaucoup de ceux qu'elle fait vivre ».

(Akhbar.)

XIV

L'Algérie.

On a beaucoup écrit sur l'Algérie, et cependant en France on connaît très-peu ce beau pays.

Disons-le à regret, l'esprit d'association a fait défaut jusqu'ici à la colonisation de l'Afrique française, par suite d'un aveuglement incroyable. Si l'on veut recourir à l'association, on verra alors l'Algérie changer de face et marcher dans la voie du progrès.

Les peuples qui ne savent pas coloniser et aller en avant, sont appelés à un triste avenir et à décliner.

La France doit donner un appui sérieux à sa plus belle colonie, dont les produits du sol augmentent de jour en jour la prospérité de la mère patrie et son influence véritable dans la Méditerranée.

On a hésité longtemps, dans le Parlement français, au sujet de l'Algérie, et l'on doutait de sa puissance, de ses ressources immenses, quand les autres nations enviaient à la France les avantages qui pouvaient lui provenir de la possession de ce grand et beau pays.

L'Administration algérienne et l'armée ont largement contribué aux progrès réalisés. Les routes et les principaux travaux ont été exécutés généralement par leur concours; mais il faut actuellement recourir à l'initiative privée et à l'esprit d'association, nous le répétons, comme l'a dit M. Aubanel, avec juste raison, dans son rapport à M. le Gouverneur général.

Avant d'avoir mis pied sur le sol algérien, nous étions loin de croire qu'il renfermait d'aussi belles plaines et des terres aussi fertiles.

A tous les points de vue, ce pays est plein d'avenir.

Les Français qui veulent s'y fixer sérieusement, y rencontrent des ressources qu'ils ne peuvent plus trouver dans le midi de la France.

Le Gouvernement de l'Algérie accorde aux nouveaux colons les avantages suivants :

1° Selon le nombre des membres d'une famille, une concession de 20, 25, 30 ou 40 hectares ;

2° Le passage gratuit de Cette ou de Marseille en Algérie.

Dix ou vingt familles se réunissent ; l'Administration algérienne forme immédiatement un village. C'est encore l'Administration qui se charge de faire construire aussitôt les routes ou chemins d'accès , et de la plantation des arbres qui environnent le village , de manière à l'assainir ; elle fait bâtir aussi , à ses frais , les écoles, la mairie et l'église.

On peut créer actuellement, près de la ligne ferrée en construction d'Alger à Constantine , une vingtaine de villages.

Les cultivateurs qui se rendront en Algérie avec leurs familles , auront très-probablement l'heureuse chance de pouvoir s'occuper, pendant deux ou trois ans, aux travaux du chemin de fer , près de leurs villages , une station sur une des lignes les plus importantes de l'Algérie.

On ne peut, dans le midi de la France, par suite des désastres causés par le phylloxéra , occuper tous les bras ; on ne saurait donc trop engager nos compatriotes à chercher la fortune dans cette colonie appelée à un si grand avenir.

———

Il ne faut pas croire que le climat, en Algérie, soit le même partout ; il varie presque autant qu'en France , suivant les altitudes ; aussi peut-on obtenir, au point de vue de l'agriculture , des produits variés.

Dans les montagnes , on a la température des Cévennes et de la région des Alpes. Dans le centre de l'Algérie , c'est-à-dire dans le Tell , on a un climat plus chaud , et l'on peut se livrer à toutes les cultures. Celle de la vigne , en particulier, donne actuellement de magnifiques résultats.

Autour d'Oran , de Mascara et dans la plaine de la Mitidja, près d'Alger , les vignes sont magnifiques et très-bien soignées ; elles ne le cèdent en rien , sous le rapport de la végétation , aux plus belles vignes du midi de la France. Le vin en est excellent.

L'Algérie possède plus de 43,000,000 (quarante-trois millions d'hectares susceptibles de culture ; pourtant on ne compte actuellement que 18,000 hectares environ consacrés à la culture de la vigne. Sans exagérer cette culture, comme on l'a fait malheureusement dans le Midi de la France, on peut augmenter largement le nombre d'hectares à transformer en vignobles. La maladie de la vigne a été, selon nous, causée en partie par l'exagération de cette culture.

———

Les colons nouveaux, en arrivant dans un pays, ne doivent pas consacrer toutes leurs ressources à un seul produit, malgré tous les avantages momentanés qu'il peut présenter. Ils doivent, au contraire, agir avec prudence et savoir recourir à plusieurs variétés de culture ; c'est là le moyen d'éviter la ruine ou des désastres semblables à ceux dont souffre si cruellement le Midi de la France.

En Algérie, on peut cultiver avec avantage les céréales,

l'olivier, la vigne, le carroubier, l'oranger, le citronnier et le mûrier, qui donnent de si bons résultats en Espagne.

Les légumes, les fruits et un grand nombre d'autres produits agricoles sont également très-avantageux à cultiver, suivant la quantité d'eau dont on peut disposer.

———

Pour fonder des villages avec les meilleures conditions de succès, d'après les renseignements les plus sérieux, il faut réunir une vingtaine de familles de cultivateurs originaires de la même région de la France, autant que possible, pouvant disposer de 5,000 à 6,000 fr. par famille.

Avec cette somme de 6,000 francs on peut construire une maison qui coûte, en Algérie, de 2,500 à 3,000 francs. Les autres fonds servent à l'acquisition des outils agricoles et des bœufs pour travailler le sol, et, enfin, pour pouvoir attendre les récoltes pendant un an ou deux ans.

Dans ces conditions, une famille qui vivrait péniblement en France peut, avec l'amour du travail et si elle est animée de bons sentiments, arriver à une grande aisance en Algérie et même à la fortune. Tous les colons sérieux qui savent vivre honorablement en renonçant aux dépenses inutiles, ne manquent pas de prospérer.

Le moment est favorable pour venir en aide à nos compatriotes du Midi de la France, qui souffrent et ont peine à vivre sur le sol de la mère-patrie. Ils seront sûrs de trouver une administration bienveillante, qui donnera toutes les facilités possibles pour les aider à réussir en Algérie.

M. le général Chanzy, gouverneur général, qui a toutes les qualités d'un grand administrateur ; M. le général Osmont, notre éminent compatriote, commandant la province d'Oran ; M. le général Wolff, commandant celle d'Alger ; M. le général Carteret, qui est à la tête de celle de Constantine ; M. Lemyre de Vilers, directeur général, enfin tous les fonctionnaires de l'Administration, soit civile, soit militaire, encouragent vivement la colonisation, comme l'a observé M. Aubanel dans sa notice sur l'Algérie. Non-seulement les émigrants français, mais encore les belges, les suisses, les italiens, les espagnols et les autres émigrants appartenant aux autres nationalités amies, trouveront aide et protection dans ce pays, appelé à être une seconde France, grande et prospère.

———

Notre compatriote, M. Duponchel, a eu raison de parler, dans sa brochure, de l'Algérie, comme point de départ du chemin de fer qui, d'après lui, traversera le Sahara, dans un avenir plus ou moins rapproché.

Il est fâcheux que les journaux du Midi de la France n'aient pas mentionné le travail si remarquable de notre modeste et savant ingénieur.

—

C'est une erreur de croire que l'Algérie est un pays très-sujet aux fièvres.

Ceux qui font des imprudences en supportent les conséquences comme ils les supporteraient en France.

L'Algérie est un pays de grand avenir.

Jamais la France ne l'abandonnera ; c'est une importante et belle colonie, qui, par ses rapports avec la mère-patrie, dont elle n'est éloignée que par une traversée de trente-deux heures environ, favorise et alimente de plus en plus notre marine et notre commerce.

Les français ont le défaut de ne pas aimer à voyager en mer ; mais, dans deux mois, la grande ligne de Perpignan à Oran, par Barcelone, c'est-à-dire par les chemins de fer espagnols, sera terminée, et, alors on n'aura plus qu'une traversée de huit à dix heures, entre Carthagène et Oran.

Hâtons-nous de dire que la grande ligne de Perpignan à Barcelone et à Carthagène sera aussi avantageuse à l'Espagne qu'à notre belle colonie.

Il est seulement à désirer que le service des chemins de fer espagnols se fasse plus vite.

En terminant, qu'il nous soit permis de dire que l'Espagne donne, en ce moment, l'exemple d'un pays où l'agriculture tend à progresser.

La culture de l'oranger prend, dans les environs de Valence surtout, une très-grande extension.

C'est une culture qui doit donner également d'excellents résultats en Algérie.

Alger, le 17 novembre 1877.

Jules MAISTRE,
*Membre correspondant de la Chambre de
commerce de Montpellier.*

(*Messager du Midi*).

XV.

Le Bassin de la Méditerranée.

Dans tous les temps, le riche bassin de la Méditerranée a eu le rare privilége d'attirer l'attention de presque tous les peuples.

Il n'existe nulle part un pays plus beau et plus varié.

Toutes les nations ont cherché, tour à tour, à se rendre maîtresses du littoral méditerranéen ou à y créer des colonies.

Aujourd'hui, l'ère des conquêtes est passée, et nous ne devons plus avoir qu'un but : civiliser les populations qui ne le sont pas encore, et rendre, en même temps, la fertilité aux contrées qui n'ont plus les mêmes sources de richesses.

Comme on le voit, le problème et assez vaste pour absorber et attirer l'attention des grandes nations de l'Europe.

—

Quand on visite, avec soin, tous les pays qui entourent la Méditerranée, on ne tarde pas à reconnaître que ces pays, jadis si fertiles, voient diminuer, tous les jours, leurs richesses.

Mais les divers peuples qui se sont succédé dans la région désignée, ont-ils fait tout ce qu'ils pouvaient pour augmenter la fertilité du sol? Nous ne le pensons pas.

Dans le principe, les Phéniciens, les Grecs, les Romains, les Carthaginois, n'ont eu qu'un but : devenir les maîtres absolus dans la Méditerranée. Plus tard, d'autres peuples et, enfin, les Maures ou les Arabes ont voulu, à leur tour, dominer sur le littoral de cette mer intérieure.

Mais, en général, le résultat que voulaient atteindre ces divers peuples, n'a pas été favorable dans ses conséquences.

Les Espagnols, les Français et les Anglais ont voulu jouer un rôle prépondérant dans la Méditerranée ; tous ont fait fausse route quand ils n'ont pas été inspirés par les vrais principes du christianisme.

Aujourd'hui, il faut l'avouer, à notre honte et à celle de l'humanité, ce sont les hommes qui suivent la loi barbare de Mahomet qui règnent en majeure partie sur le littoral de la Méditerranée.

Et ce qu'il y a de plus inouï et de plus étrange, c'est qu'un peuple qui se glorifie de marcher un des premiers dans la voie de la civilisation, et qui, par ses colonies, répandues dans le monde entier, contribue, en effet, à l'œuvre de la réformation, semble faire, au contraire, tout ce qu'il peut, dans le bassin de la Méditerranée, pour retarder les progrès de la civilisation.

Cette politique est mauvaise, et elle est funeste aux intérêts de toutes les nations ; mais, en particulier, aux intérêts de toutes les nations européennes.

En dehors de la question religieuse, qui devrait dominer toutes les autres, puisque la religion chrétienne est la seule qui puisse contribuer au bonheur de l'humanité, il faut reconnaître que les peuples qui suivent la loi de Mahomet ne peuvent pas progresser, et, par suite, la fertilité de la terre qu'ils occupent va constamment en diminuant.

La richesse du sol diminue, parce que la religion musulmane ne dispose pas l'homme au travail.

L'homme qui observe la loi de Mahomet abuse des biens de Dieu ; il ne peut donc pas avoir un avenir assuré pour lui et pour ses enfants. Il est facile de prouver qu'en agissant ainsi, il porte le plus grand préjudice au progrès de l'humanité. Le contact avec des hommes sincèrement chrétiens, peut seul améliorer la situation des peuples musulmans

Les Anglais ne voyant actuellement que la question industrielle et la question commerciale, exposent volontairement une vaste région, située entre l'Europe, l'Asie et l'Afrique, à une décomposition plus ou moins rapide.

On dirait que les Anglais se réjouissent de ce que les Turcs ne progressent pas. Il leur semble qu'avec eux, comme avec tous les autres peuples musulmans, ils sont assurés de n'avoir jamais à craindre une concurrence pour leurs usines et pour les nombreux produits qu'ils expédient dans la Méditerranée.

Notre rôle, à nous, comme celui de toutes les nations chrétiennes, ne doit pas être le même.

Nous devons chercher, non à faire des conquêtes qui n'ont plus de raison d'être, mais nous devons chercher à civiliser des peuples qui sont dans la plus grande barbarie, et qui, en restant dans cet état de décadence, contribuent à rendre le pays qu'ils habitent de plus en plus en plus stérile.

Tel est notre rôle, et il est assez grand pour attirer tous nos efforts et toute notre attention.

—

Mais, au lieu de cela, que voyons nous en France? Nous nous divisons, et de misérables questions intérieures absorbent tous nos instants.

Cette situation changera le jour où nous prendrons, pour défendre nos intérêts les plus grands et les plus élevés, des hommes vraiment chrétiens, connaissant à fond les affaires commerciales, maritimes, industrielles et surtout agricoles.

Guidé par des hommes sérieux, notre pays grandirait dans l'estime des autres nations, et nous deviendrions les véritables bienfaiteurs de l'humanité.

Nous avons le défaut de ne pas nous occuper suffisamment de toutes les questions extérieures qui peuvent nous intéresser, et de ne pas voyager assez dans les autres pays.

Nous sommes absorbés par de misérables querelles de partis, et nous consacrons toutes nos forces et notre attention aux seules affaires intérieures.

C'est là un grand tort et un déplorable système, qu'il faut faire cesser.

Alger, le 7 décembre 1877.

JULES MAISTRE.

XVI

Alger en hiver.

Rien n'est plus beau et agréable à habiter, comme Alger en hiver.

Les coteaux de Mustapha-Supérieur, dépassent en grandeur et en beauté, les coteaux de Nice, de Cannes et de Naples.

Nulle part, il n'existe des sites plus verts, plus riants et plus variés, que ceux que l'on admire ici. C'est l'impression que j'ai ressentie pendant mon séjour à la Villa Chauve, à Mustapha-Supérieur , en contemplant ce splendide paysage.

—

Si nous , les Français, nous n'avons pas su apprécier les merveilles de notre colonie, on ne peut en dire autant des Anglais.

Dans quelques années, les Anglais qui ont déjà ici un grand nombre de villas, en auront encore un plus grand nombre et de plus belles.

D'ailleurs, le climat de l'Algérie est plus chaud, en hiver, que celui de l'Italie.

Les Anglais, qui ont habité les Indes et qui reviennent en Europe, sont heureux de s'arrêter en Algérie ; ils y peuvent, l'hiver, s'habituer plus facilement au climat de la Grande-Bretagne.

—

Les courses que l'on peut faire aux environs d'Alger sont nombreuses et très-intéressantes.

Il faut avouer que de toutes les colonies de l'Europe, c'est l'Algérie qui est la plus rapprochée.

Les bateaux à vapeur mettent seulement 32 heures, pour aller de Marseille à Alger ; mais pour les passagers qui craignent la mer, il est facile de réduire la traversée à 10 heures en suivant les chemins de fer espagnols et en s'embarquant à Carthagène, pour se rendre à Oran.

En effectuant le voyage par l'Espagne , on a l'avantage de voir un pays très-curieux , très-intéressant à visiter, et on n'a pas les ennuis d'une longue traversée en mer.

En France , nous avons le défaut de ne pas sortir assez souvent de notre pays ; nous nous contentons d'aller dans les Pyrénées ou en Suisse ; si toutefois nous ne nous dirigeons pas vers Paris. Nous devrions connaître au moins notre belle colonie , qui est appelée à un très-grand avenir.

—

Si l'Algérie était visitée par les Français qui ont de la fortune , elle prendrait dans peu de temps une très-grande importance et elle serait plus facilement colonisée, par les familles de nos cultivateurs du Midi , qui , depuis quelques années, souffrent cruellement de la diminution du travail, par suite de la maladie de la vigne et des désastres causés par le phylloxéra.

Nous l'avons déjà dit, dans une autre notice , et nous ne

pouvons nous empêcher de le répéter : tous ceux qui ont une avanoe de cinq à six mille francs, qui ont de l'ordre et qui ne reculent pas devant le travail des champs, peuvent se créer, une belle position.

—

D'ailleurs, ce pays a une couleur locale qui n'existe dans aucune contrée de l'Europe, et, à ce point de vue, les études à faire à Alger, sont pleines du plus grand intérêt.

Les capitalistes, qui ont des fonds à leur disposition, et qui feraient construire des villas et des hôtels sur le magnifique coteau Mustapha-Supérieur, seraient assurés d'avoir de très-beaux revenus de leurs constructions.

Car, nulle part au monde, on ne peut trouver une résidence d'hiver aussi belle et aussi bien favorisée par le climat.

En réalité, sous le rapport de l'agrément et du confortable, Alger n'a rien à envier à aucune autre ville de l'Europe. On y trouve à la fois les avantages et les éléments de l'existence des contrées civilisées et l'aspect bizarre et original des pays orientaux.

Au sommet de la capitale de l'Algérie, se trouvent les habitations arabes ; partout ailleurs, dans les rues, sur les quais et par les beaux boulevards, d'où l'on découvre un vaste horizon sur la Méditerranée, on rencontre l'activité et l'animation des villes européennes.

L'automne et l'hiver sont ici un printemps continuel.

Pas de froid, pas de gelées ; des fleurs, de la verdure, partout une végétation magnifique ; une vue splendide sur les grandes montagnes de la Kabylie et sur le golfe d'Alger, qui ne le cède en rien au beau golfe de Naples.

J. MAISTRE.

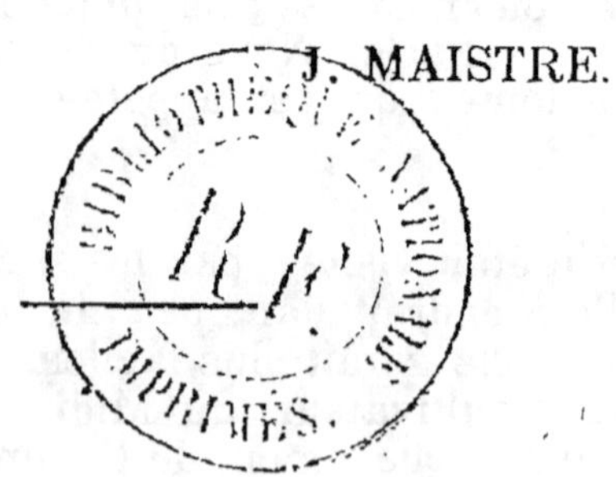

Nimes, typ. Clavel-Ballivet et Cᵉ, rue Pradier, 12